CHLOE GOVAN

CB139755

KATY PERRY

A vida da nova rainha do pop

São Paulo
2011

UNIVERSO DOS LIVROS

Katy Perry - A Life of Fireworks
© 2011 by Omnibus Press
14-15 Berners Street, London W1T 3LJ, England.
Todos os direitos reservados

© 2011 by Universo dos Livros
Todos os direitos reservados e protegidos pela Lei 9.610 de 19/02/1998.
Nenhuma parte deste livro, sem autorização prévia por escrito da editora, poderá ser reproduzida ou transmitida sejam quais forem os meios empregados: eletrônicos, mecânicos, fotográficos, gravação ou quaisquer outros.

Diretor-Editorial: **Luis Matos**
Editora-Chefe: **Marcia Batista**
Assistente-Editorial: **Noele Rossi**
Tradução: **Marcelle Barros Soares**
Preparação: **Karina Penariol Sanches**
Revisão: **Luiz Roberto Malta**
Arte e adaptação da capa: **Camila Kodaira** e **Stephanie Lin**

Dados Internacionais de Catalogação na Publicação (CIP)
(Câmara Brasileira do Livro, SP, Brasil)

G721k Govan, Chloe.

Katy Perry / Chloe Govan; [tradução de Marcelle Barros Soares]. – São Paulo : Universo dos Livros, 2011.
240 p.

Tradução de: Katy Perry - A life of fireworks

ISBN 978-85-7930-252-7

1. Katy Perry (1984-) 2.Biografia. 3. Música. I. Título.

CDD 927.8164

Universo dos Livros Editora Ltda.
Rua do Bosque, 1589 - Bloco 2 - Conj. 603/605
Barra Funda - CEP 01136-001 • São Paulo/SP
Telefone/Fax: (11) 3392-3336
www.universodoslivros.com.br
e-mail: editor@universodoslivros.com.br
Siga-nos no Twitter: @univdoslivros

Em memória de Steve

AGRADECIMENTOS

Agradeço aos entrevistados Printz Board, Russ Breimeier, Mike Caffrey, Agatha Carubia, Mandy Collinger-Parsons, Rich Davis, DeWayne Hamby, David Henley, Nathan Kreitzer, Adam LaClave, Mark Moring, Jill Sobule, Carol Thomas, John J. Thompson, Matthew Turner, Brian White, Philip von Wrede e a todos os outros entrevistados anônimos que participaram deste projeto.

SUMÁRIO

SUMÁRIO

CAPÍTULO I

FALANDO LÍNGUAS DESCONHECIDAS

Não é fácil conquistar uma plateia cristã profundamente reprimida e devotamente religiosa no coração do cinturão bíblico* dos Estados Unidos – menos ainda para a filha de um pastor vestida de maneira inadequada, rebolando no palco sobre saltos de dez centímetros de altura e agarrando um falo inflável em forma de batom. Mesmo assim, Katy estava disposta a aceitar o desafio – e esse era apenas o começo. Diante da plateia chocada, para completar o cenário, ela brevemente, porém de maneira apaixonada, beija os lábios de uma mulher na multidão. Juntamente com as ocasionais vaias, escutaram-se gritos ensurdecedores de aprovação. Sempre com um sorriso enganadoramente inocente, Katy estava rompendo os últimos tabus da sociedade – ela beijou uma garota e gostou. Para espectadores mais conservadores, a cena foi inacreditavelmente chocante, mas para Katy foi apenas mais um dia em sua vida no palco.

De uma menina sapeca que nunca tinha ouvido falar de partituras e só vestia blusas folgadas a uma mulher glamorosa e paqueradora que escrevia músicas que deixavam os pastores indignados, Katy passou por uma grande transformação. Mas como foi que tudo começou?

Katy nasceu no dia 25 de outubro de 1984, batizada como Katheryn Elizabeth, filha de Mary Perry, uma descendente de ale-

---

*N. do E.: Do inglês *Bible Belt*, o cinturão bíblico corresponde a uma região com forte influência da religião protestante evangélica. Nos Estados Unidos da América, ela inclui grande parte do sudeste do país.

mães e portugueses casada com Keith Hudson, pastor americano nascido em Memphis. A única coisa que seus pais tinham em comum era o compromisso com um devoto estilo de vida religioso, uma prioridade que eles passaram para Katy. Desde o começo, sua vida era cheia de regras, limites e restrições. "Eu aprendi sobre o inferno desde o momento em que comecei a entender uma frase completa" ela contou à revista *Rolling Stone*. "Eu tinha medo do Satã e de pessoas rangendo os dentes." Em sua infância, a MTV e até a VH1 eram canais permanentemente bloqueados na televisão da família a fim de proteger Katy e evitar que ela visse qualquer dança muito sensual. Músicas e filmes não religiosos eram banidos por causa de seu enfoque ateu e Katy era proibida até de comer açúcar industrial.

"Minha educação religiosa era comicamente rígida, até o aspirador de pó da marca Dirt Devil [demônio sujo] foi banido", Katy posteriormente revelou à *Rolling Stone*. "Nunca podíamos dizer palavrões. Eu era repreendida até se dissesse 'Que inferno!'. Se você deixasse cair um martelo sobre seu dedo do pé na nossa casa, tinha que dizer algo como 'Minha nossa'".

Ela continuou: "Eu nunca podia dizer que era sortuda porque minha mãe preferia que disséssemos que éramos abençoados. Ela também achava que a palavra sorte [lucky] tinha a ver com Lúcifer. Eu não podia comer o cereal da marca Lucky Charms [amuletos da sorte], mas acho que era por causa do açúcar. Acho que minha mãe mentiu para mim a esse respeito".

Ao falar acerca de como seus pais haviam censurado todas as influências não cristãs, Katy contou ao *CBS News*: "Quando eu assisti ao filme chamado *O Acampamento de Jesus*, exclamei 'Meu Deus! Eu não sabia que eles tinham filmado os bastidores da minha infância!'".

O Acampamento de Jesus é um documentário de 2006 que abriu as portas para o controverso mundo de um rígido acampamento cristão de verão para crianças na Dakota do Norte. Segundo os fundadores do acampamento, seu objetivo era treinar crianças a partir de cinco anos para serem pequenos guerreiros do exército de Deus e encorajá-los a "reconquistar a América para Cristo".

No filme, a fundadora Becky Fischer diz a um grupo de crianças aterrorizadas que, se o mítico bruxo de histórias infantis Harry Potter tivesse existido nos tempos bíblicos, "ele teria sido morto". Enquanto isso, outra cena mostra jovens sendo repreendidos: "Muitos de vocês dizem que são cristãos, mas quantos não estão levando vidas distantes da religião?". Depois, a pastora convida o grupo de pré-adolescentes cada vez mais histéricos a "pagar por seus erros" enquanto joga água de uma garrafa sobre suas mãos estendidas para purificá-los de seus pecados.

Katy também era encorajada a escutar exclusivamente músicas religiosas e as pessoas lhe diziam que canções profanas eram "músicas do demônio". Candidatos óbvios como Madonna eram banidos da casa, mas até grupos de garotos aparentemente inocentes, como New Kids on the Block, estavam na lista dos rejeitados. "Fui criada em uma casa muito pseudorreligiosa, onde a única coisa no cardápio eram os padrões gospel como 'Oh Happy Day', 'His Eye is on the Sparrow' e 'Amazing Grace'", Katy riu ao contar isso para a MTV.

Ainda assim, de alguma forma, ela conseguiu acesso a algumas canções *pop* ilícitas. E confessou à revista *Prefix*: "'Jagged Little Pill' [de Alanis Morissette] me marcou muito. Uma das lembranças mais vívidas da minha infância é de quando eu brincava no balanço e cantava 'Ironic' [também de Alanis Morissette] com toda a minha força. Eu frequentava uma escola cristã, portanto tive um probleminha por causa disso!".

Não era apenas a música profana que o *Acampamento de Jesus* considerava daninha, mas também programas de televisão e filmes em geral. O filme mostrava a fundadora do acampamento jogando uma mão magnética sobre um modelo de plástico do cérebro de uma pessoa e observando-o grudar. A mensagem era que a cultura popular corroía a espiritualidade e ficava na mente da criança muito tempo depois que o filme acabava. Infelizmente para Katy, seus pais pensavam exatamente da mesma forma.

"Só havia a igreja", ela recordou ao *Sunday Times Style*. Amigos da igreja, escola da igreja e, claro, a própria igreja. "Na época, eu pensava que era normal, mas não era. Eu só podia ir ao cinema se eles analisassem o filme antes. Eles me deixavam ver qualquer coisa que remetesse a Deus: *Mudança de Hábito 2*, *Um Anjo em Minha Vida*, esse tipo de coisa." Porém, filmes com classificação restrita eram estritamente proibidos. Até personagens de desenho animado eram considerados não cristãos. Para as crianças do *Acampamento de Jesus* era Harry Potter, e para Katy eram os Smurfs.

Katy também tinha proximidade com a descrição que o acampamento fazia das conversas em línguas desconhecidas. As cenas das crianças que se contorciam no chão e se comunicavam com os espíritos podem ter sido aterrorizantes para alguns, mas para Katy essa era uma parte familiar de sua infância.

Katy relatou suas próprias experiências à *Rolling Stone*: "Minha mãe e meu pai praticavam línguas e interpretação juntos — meu pai falava línguas desconhecidas, minha mãe as interpretava. Falar em línguas desconhecidas é tão normal para mim quanto 'Passe o sal'". Ela acrescentou: "Muitas religiões usam a meditação ou o canto como uma língua de oração subliminar, e falar línguas desconhecidas não é tão diferente — é uma maneira secreta e direta para se comunicar com Deus. Se eu sentisse intuitivamente que precisava orar para alguma situação que eu não entendia racionalmente, eu simplesmente deixava meu espírito orar."

Até os três anos de idade, Katy morou na pequena vila costeira de Goleta, Califórnia. A apenas alguns quilômetros da hedonista Santa Bárbara, a vila tinha uma atmosfera mais tranquila. Katy apreciava a "pacata ilha paradisíaca" cercada de surfistas, banhistas e veranistas — para ela, não eram férias, mas sua vida diária.

A vida de Katy virou de pernas para o ar quando seus pais embarcaram em uma viagem passando por todos os estados do país e fundando igrejas em todos os lugares pelos quais passavam. Eles se estabeleciam brevemente nos lugares antes de pegar a estrada de novo, deixando Katy sem raízes. "Nós nos mudávamos muito porque meu pai era evangelista", ela lembrou. "Moramos em dois lugares diferentes em Oklahoma, depois em dois lugares no Arizona, depois ficamos na Flórida por um tempo e depois fomos para Santa Bárbara! Acho que naquela época isso me afetou emocionalmente, porque eu tinha de abandonar amigos com tanta frequência que eu pensava que nunca mais faria amigos como os que tinha deixado para trás. Mas agora, lembrando, percebo que consegui fazer muitos amigos, ver muitos lugares e levar um pouco de cada um deles comigo."

A família entregou tudo o que tinha a Deus e em alguns momentos ficou desesperadoramente pobre. "Algumas vezes nós comíamos as mesmas cestas básicas que usávamos para alimentar nossa congregação", Katy contou à *Rolling Stone*. A família não podia pagar nem um plano de saúde. Quando ela finalmente foi a um dentista, já adulta, precisou fazer treze obturações — mais da metade de seus dentes tinha cáries.

Enquanto isso, seus pais pregavam, faziam sermões regulares e diziam poder curar os doentes usando o poder do Espírito Santo. No entanto, sob seu exterior devoto, os pais de Katy estavam escondendo alguns segredos. No passado, ambos haviam tido um estilo de vida festeiro que quase os matou. A mãe de Katy havia viajado pelo mundo inteiro antes de se estabelecer no Zimbábue e viver um casamento breve, seguido de um caso de amor destinado ao fracasso. Ela havia até namorado o guitarrista Jimi Hendrix nos anos 1970.

Por sua vez, o pai de Katy havia abandonado suas raízes no Tennessee para viver a vida de uma pessoa da alta sociedade da Costa Oeste. Ele rapidamente fez amizade com o guru da contracultura e entusiasta do uso de drogas Timothy Leary, que o apresentou ao LSD. Katy contou ao *The Mirror* mais tarde: "Minha mãe costumava sair com Jimi Hendrix e meu pai vendia um ácido chamado Strawberry Fields para Timothy Leary. Mesmo minha mãe não sendo mais a roqueira que fumava maconha e meu pai não sendo mais o traficante de ácido com cabelos compridos, eles provavelmente tiveram momentos mais intensos do que qualquer coisa que eu já fiz".

Para a jovem Katy, um estilo de vida de sexo, drogas e *rock'n'roll* era definitivamente mais atrativo do que sua própria educação cristã superprotetora, e ela disse para sua mãe quando já estava adulta: "Mãe, você não deveria ter sido tão recatada com [Jimi] — eu poderia ter sido uma Hendrix!".

No entanto, havia um lado escuro no hedonismo de seus pais e Katy temia que, se eles não tivessem recorrido à religião, talvez não tivessem sobrevivido àquela fase. "Meu pai teria morrido de tantos comprimidos", ela contou ao *The Daily Telegraph*. "Eles dois tiveram uma vida descontrolada, depois encontraram Deus, sentiram necessidade de passar por uma mudança pessoal e foi nessas bases que eles decidiram me criar." Ao mesmo tempo em que encontraram a salvação, Keith e Mary se encontraram — e o destino de Katy como filha de um pastor estava traçado.

Apesar da história colorida de seus pais, não haveria noitadas cheias de *rock'n'roll* para Katy, que em seus primeiros anos não tinha permissão nem para beijar castamente um garoto, muito menos uma garota. Seus pais tinham vivido um estilo de vida em que as festas eram sua única religião, mas agora, vendo Jesus como seu salvador, eles queriam proteger Katy para que ela não cometesse os mesmos erros.

A vida de Katy não poderia ter sido menos parecida com *rock'n'roll*. Ela passava muitos fins de semana buscando antiguidades. "Desde que eu tinha oito anos, meu pai me acordava cedo nos sábados de manhã e nós íamos a feiras de garagem ou à casa de alguém que havia morrido recentemente e cuja família estava vendendo tudo", explicou ao *The Daily Mail*. "Se eu encontrasse uma maçaneta roxa de vidro dos anos 1920, isso já servia para compor uma música. Tenho um bom olho. Eu era atraída por coisas antigas benfeitas e que tinham sua própria personalidade."

No entanto, Katy era uma criança e essa vida era muito chata. Desesperada para romper o tédio, ela buscava formas de alegrar o dia e conseguir a atenção que ela tanto queria. Seu primeiro pecado contra Deus foi cometido quando desenvolveu um apreço por concursos de beleza. A Bíblia alertava a não julgar pela aparência externa. Apesar disso, Katy estava cada vez mais propensa à vaidade e determinada a ser a melhor. A família estava morando em Lake Havasu, Arizona, nessa época, quando sua mãe — também com necessidade de atenção — inscreveu a filha em um pequeno concurso de beleza realizado em um mercado.

Katy mais tarde escreveu em seu *blog*: "Não era uma competição acirrada — apenas entre algumas garotas no mercado". Ainda assim ela ganhou um "mísero" segundo lugar. Posteriormente ela competiu em um concurso de beleza de verdade, mas ficou igualmente decepcionada pela segunda vez. "Fiquei em segundo lugar [de novo]", ela escreveu no *blog*: "O SEGUNDO LUGAR NÃO É BOM O SUFICIENTE... Aposto que foi porque minha mãe pegou alguns atalhos — ela mesma tirou as fotos e colocou cristais demais em minha jaqueta. E a natureza competitiva permaneceria com ela nos anos seguintes.

Os pais de Katy, orgulhosos, tiraram várias fotos dela em ação, incluindo uma em que vestia um terno de cetim rosa e um chapéu de feltro combinando, seu cabelo naturalmente acobreado e um enorme sorriso.

No fim das contas, conseguir aqueles prêmios não atingiu suas expectativas e Katy abandonou os concursos e voltou para sua prancheta de desenho. Como filha do meio, ela constantemente buscava atenção, esperando superar seu irmão mais novo e imitando a irmã mais velha.

"Eu era uma criança hiperativa", ela contou ao *The Daily Mail*, "sempre criava confusões e minha mãe e meu pai se acostumaram com isso. Podíamos estar de férias ou comendo ao redor da mesa de jantar, e eu sempre aparecia com alguma coisa ultrajante."

Katy também cometeu outro pecado quando tinha apenas nove anos: orava ao Criador para que tivesse seios grandes. "Eu me lembro vividamente de me ajoelhar ao lado da minha cama, fazer minhas orações e pedir a Deus para me dar seios tão grandes que, se eu me deitasse, não pudesse ver meus pés", ela contou à revista *Blender*.

Alguns anos depois, suas preces foram ouvidas — mas não para seu bem. Aos treze anos, ela seria punida por seu pedido não cristão ao ponto de querer uma redução cirúrgica. "Eu realmente tive problemas nas costas", acrescentou. "Depois cresci e perdi algumas gordurinhas e pensei: 'Ei, isso não é tão ruim assim'."

Após o fracasso nos concursos de beleza, ela embarcou em uma nova missão: ser mais masculina do que seu irmão. Frequentemente chegava em casa "machucada e surrada" depois de suas explorações subindo em árvores, saltando de lugares altos e surfando ou andando de *skate*. Ela havia se transformado em uma menina sapeca com comportamento de menino. Seu irmão David contou ao *E! Entertainment*: "Katy era como um irmão para mim, porque ela estava sempre desarrumada e não se importava".

Ela rapidamente desenvolveu uma paixão curta pelo *skate*, mas desistiu quando começou a temer por sua segurança. "Eu passava o dia inteiro no parque de *skate* com uma amiga minha que era tão boa que acabou se tornando uma *skatista* profissional", ela contou ao *The Daily Mail*. "Eu não era muito boa, mas poderia facilmente fazer um meio tubo, que é quando você faz uma manobra quase vertical com o *skate*. Eu desisti porque estava ralando muito meus joelhos e não gostava da ideia de quebrar meus ossos."

Além disso, suas tentativas de ganhar a atenção falharam, provocando muito mais do que exclamações de desaprovação de seus pais, agora excessivamente conservadores. Foi nessa época que ela descobriu a forma de conseguir amor e atenção instantânea — e esse poder estava em sua voz. "Quando eu cantava, o rosto das pessoas se iluminava", ela contou à revista *The Oregonian*. "Era meu único truque de mágica."

Tudo começou com uma música gospel que Katy ouviu por acaso e cantou para imitar sua irmã. "Eu peguei uma música de Carman", ela contou ao *Christian Music Central*. "É verdade. 'River

Of Life' de Carman. Música cristã era a única coisa que eu ouvia na minha infância. Escolhi essa música porque minha irmã começou a cantá-la e eu copiava tudo o que ela fazia. Na verdade, a fita era dela, mas eu a roubei. Então eu pratiquei e cantei antes dela."

Para sua surpresa, seus pais gostaram da ideia e sugeriram que ela tivesse aulas com um professor de canto. Sempre buscando aprovação, Katy concordou. No começo, foi sua mãe que a encorajou, pois Katy estava relutante em levar seu talento adiante e praticar o que havia aprendido na igreja. "Minha mãe foi, na verdade, a primeira pessoa que me envolveu nisso", Katy admitiu ao *Christian Retailing*: "Ela me deu um empurrão porque é uma mãe totalmente engajada nessas coisas! Então eu percebi que isso não era o que meus pais queriam que eu fizesse, mas era o que eu queria fazer. É a mesma coisa com minha fé, que sempre está com meus pais. Eu simplesmente a adotei por conta própria. E basicamente adotei a música como algo meu".

Ela acrescentou: "Minha mãe me levava, quando eu tinha onze anos, e nós fazíamos [concertos em] igrejas nos fins de semana. Eu não queria estar lá porque queria ter onze anos. Queria fazer as coisas que você faz quando tem onze anos, mas depois vi o quanto eu comovia e tocava as pessoas [com minha voz]."

Logo ela começou a fazer murais prospectivos com seus colegas na escola — um exercício motivacional que registra onde as crianças gostariam de estar no futuro — e a colar fotos de cantoras adolescentes com troféus. Agora ela sabia que queria ser reconhecida por seu talento musical algum dia.

Katy também gostava do prestígio de ser a única pessoa com dom musical na família. "Ninguém na minha família consegue manter um tom, é muito engraçado. Tentar eles tentam, mas não conseguem", ela contou ao *Cross Rhythms*. "Não sei bem de onde veio isso. Acho que era simplesmente porque eu estava entediada e queria fazer alguma coisa. Além disso, como eu era a filha do meio, precisava chamar a atenção."

Não mais lutando por reconhecimento, Katy ganhava dez dólares do pai cada vez que cantava. Ela aparecia no palco da igreja, em reuniões familiares e até em jantares de aniversário em restaurantes, quando deleitava os presentes com a mais nova música gospel. "Onde quer que eu fosse, restaurantes ou qualquer lugar, eu me levantava e cantava 'Amazing Grace'", Katy revelou mais tarde ao *The Mail*. "Não que eu fosse uma daquelas pessoas que gostasse de palco. Não havia uma garota exibida dentro de mim querendo sair. Eu simplesmente comecei a compor músicas sobre Deus ou sobre um garoto de quem eu gostava, os dois homens na minha vida."

Ela se envergonhava de ter começado tão tarde, descobrindo seu talento aos nove anos. "Não sou como essas garotas que dizem: 'Eu aprendi a cantar quando aprendi a falar — comecei a compor quando tinha quatro anos e meio'", Katy riu. "Era tipo: 'Tudo bem. A gente se vê! Eu ainda estava no casulo!'"

No entanto, ela logo recuperou o tempo perdido e se inscreveu em aulas de música na escola cristã de Santa Barbara. Era um grupo numeroso e, mais uma vez, Katy se viu lutando pela posição de liderança — e a competição a estimulava ainda mais. O orientador, Nathan Kreitzer, contou: "Katy fazia parte de um grupo grande de pessoas que eram extremamente talentosas e estavam buscando atenção e liderança. Como resultado, era um grupo bastante agitado e, às vezes, irrefreável. Não só Katy estava entusiasmada, como a maioria dos jovens naquela idade, mas ela parecia determinada a se destacar diante da plateia."

O currículo oferecia muitas oportunidades para isso, com musicais escolares regulares realizados na capela e um rígido programa de estudo. "Acredite ou não, meus alunos principiantes estudavam os fundamentos da música, incluindo reconhecimento de notas, notação, ritmo, apreciação musical e canto improvisado. Além disso, tínhamos três aulas de coral, duas aulas de coral de sinos e aulas de piano em grupo", Nathan continuou. "Era tudo bastante impressionante para uma pequena escola cristã."

Mesmo o grupo estando cheio de crianças talentosas, Katy parecia levar vantagem sobre seus companheiros. "Estou certo de que seu histórico na igreja tinha muito a ver com sua habilidade de cantar e com seu interesse precoce por música", Nathan lembrou. "Ela já era uma vocalista talentosa quando participava das minhas aulas. Era rebelde, mas, para ser sincero, as crianças que estão destinadas a realizar grandes coisas tendem a ser agitadoras."

Katy formou um laço próximo com Nathan, que — ao contrário de outros — via suas indiscrições com carinho. Sendo a "ovelha negra" em uma família de pastores religiosos, ela encontrou uma válvula de escape para seu comportamento rebelde nas aulas com Nathan. No entanto, mesmo sendo a garota audaciosa em um ambiente religioso, nada pôde preparar Katy para o Ensino Médio. Ela havia estudado apenas em escolas cristãs e, quando se matriculou em uma escola pública secundária, Dos Pueblos, teve o maior choque de sua vida.

Um mundo totalmente novo começou a se abrir para ela, mas primeiro ela tinha que encontrar sua base. No início, Katy era cruelmente provocada por sua imagem limpa e ordenada e por sua tendência a moralizar. Ela achou o estilo profano de seus colegas estimulante, mas se viu dividida entre eles e seus amigos cristãos. Essas eram as pessoas sobre as quais seus pais a haviam alertado, mas ainda assim ela percebeu que gostava de sua companhia. "Quando me deparei com uma escola pública secundária, não me excluí das crianças mundanas", ela recordou ao *Christian Music Central*.

"Simplesmente tentei ser eu mesma e mostrar amor a todos. Eu só tentava manter os pés no chão para poder influenciar meus amigos em relação ao amor e a Cristo. Às vezes eu não era uma grande testemunha, mas acho que tive um impacto positivo nos meus colegas por meio das minhas ações".

Enquanto tentava encontrar seu espaço no Ensino Médio, ela continuou investindo na música. Foi convidada para se apresentar no Mercado de Fazendeiros de Santa Bárbara, apenas com sua voz e o violão azul desgastado que ela ganhou da igreja em seu aniversário de treze anos. "Era uma forma de ganhar dinheiro naquela idade", Katy contou a *Philstar*. "Era divertido porque as pessoas compravam suas frutas e verduras e havia um violinista em um canto, um jovem tocando alguma coisa na bateria e eu, aos treze anos, no meu espaço, cantando minhas próprias músicas bobas." Ela acrescentou: "Foi uma ótima experiência. É muito bom estar diante de pessoas quando você quer entrar na indústria musical, porque isso oferece um grande preparo".

Apesar de os pequenos grupos de pessoas que se juntavam para comprar produtos agrícolas não oferecerem a Katy tanta adulação quanto ela desejava, essa experiência lhe deu o gostinho da emoção de estar diante de uma plateia — e ela queria mais. No entanto, se não fosse pelo Ministério da Action House, os sonhos de Katy talvez nunca pudessem ter seguido adiante.

Carol Thomas era uma das fundadoras da Action House, uma organização cristã que trabalhou incansavelmente para manter as pessoas indigentes longe das ruas e para espalhar a palavra de Deus. Ela precisava de uma garota propaganda e sentiu que a jovem angelical e saudável Katy seria a pessoa perfeita. Não era apenas sua imagem que impressionava, mas também sua voz, e logo ela foi convidada para viajar com Carol, acompanhada por um de seus pais ou por ambos. "Eu viajava em meu *trailer* e ela e sua mãe fizeram a viagem de estreia comigo", disse Carol: "Katy estava tão interessada na música que eu lhe dei todos os meus antigos discos."

"Action House viajava de cidade em cidade, passando por igrejas, mostrando o amor de Cristo e usando os dons e talentos dos jovens", ela recordou. "Katy cantava 'Shine Jesus Shine' e 'When We All Get to Heaven', de Crystal Lewis. Normalmente, ela cantava e causava um impacto definitivo na multidão. Sua voz era especial e tinha um alcance extremamente potente."

Katy se tornou a porta-voz da Action House em todos os lugares por onde passavam. Seus pais ficaram aliviados com o fato de a música estar mantendo sua temperamental filha ocupada e longe de problemas, porém — e mais importante — sentiram que suas atividades contrabalançavam a "imoralidade" que ela poderia encontrar em sua escola não cristã durante a semana. Enquanto isso, Carol lembra que a principal mensagem era "que todos tivessem uma relação pessoal com Jesus e aceitassem o presente da vida eterna".

Poder fazer algo que ela adorava para promover essa mensagem renovou a fé de Katy e seu entusiasmo por Deus. Ela contou ao *Cross Rhythms*: "Ouvi um ditado que dizia que as pessoas influenciam uma pessoa diariamente centenas de vezes e isso me fez pensar: 'Nossa! Eu poderia influenciar uma pessoa apenas fazendo algo, tendo consciência de algo ou estando em algum lugar'".

Ela acrescentou: "Eu era uma dessas crianças que iam a um acampamento e, sempre que havia um convite ao altar, lá estava eu... Eu cresci aprendendo sobre Cristo e o cristianismo, mas na verdade não incorporei esses conceitos como meus até passar por uma transformação aos treze anos de idade. E a fé está se tornando cada vez mais pessoal para mim, porque eu realmente percebi que meus pais não eram minha salvação e que eles não eram os únicos que seriam julgados. O simples fato de eles serem cristãos e pastores não me torna mais pura. A salvação é para todos, mas você precisa fazer uma escolha pessoal."

Pode parecer que Katy estava se sentindo culpada e temerosa, mas ela insistiu que seu compromisso foi uma decisão sua. "Eu percebi que estou acreditando simplesmente por acreditar, e não porque isso foi jogado no meu rosto durante todos esses anos", declarou. "Basicamente, eu adotei o compromisso como minha própria fé e deixei aquele modelo de tradição familiar. Eu sei que Deus estava batendo na minha porta há algum tempo e que Ele era a única pessoa que de fato me entendia, porque eu me sinto muito excluída e excêntrica."

As experiências positivas de Katy ao cantar com o Ministério levaram-na a tornar-se protetora de seu gênero. Ela acreditava que havia encontrado seu estilo de música e disse ao *Christian Retailing*: "Acho que mesmo nós, na indústria cristã, deveríamos sempre aumentar nossas possibilidades para sermos um pouco melhor do que as tendências! Não deveríamos ser influenciados por elas, elas deveriam ser influenciadas por nós! Acho que valemos mais do que isso".

Cuidando para que sua lealdade permanecesse firme na música gospel, ela acrescentou: É óbvio que [a tendência] não está servindo a Deus, essas pessoas não estão nesse negócio pelos mesmos motivos que nós. Elas estão aí por algo totalmente diferente, independentemente do motivo, e nós temos o grande Criador... nós temos de ser os melhores naquilo que fazemos. Não os segundos, mas os melhores. Deus é nosso Deus!

No entanto, nos bastidores, Katy se meteu em apuros por causa da música não cristã e, um dia, ela deixou a curiosidade tomar conta. Na primeira vez em que sucumbiu à tentação, levando escondido um CD do Incubus para casa, o CD se partiu ao meio antes mesmo de ela chegar em casa. Teria sido um aviso de Deus?

"Não sei, foi simplesmente um daqueles momentos", Katy contou ao *SF Gate*. "Imagine ser uma garota de treze anos e uma coisa dessas acontece. Eu pensei: 'Nunca mais vou fazer isso!'"

Histórias de fantasmas eram proibidas na casa de Katy, assim como no *Acampamento de Jesus*, portanto, o nome da banda referente a um espírito que atacava sexualmente mulheres inocentes durante o sono não teria sido bem recebido pelos pais de Katy. Mas, acima de tudo, era uma banda de *rock* "sem leis" — e isso era estritamente proibido.

Se sua família tinha objeções ao Incubus, isso não era nada comparado a como eles se sentiriam se tivessem descoberto que sua filha também estava ouvindo Queen, cujo líder era conhecido como a controversa "rainha do acampamento", Freddie Mercury. Katy havia feito amizade com uma garota não cristã no Ensino Médio que a havia apresentado aos clássicos do *rock* — e foi um momento definitivo para ela.

"Eu me recordo muito bem de que estava na casa da minha amiga e estávamos experimentando todas as suas roupas e era como uma cena em um filme. Ela colocou um CD, *Killer Queen,* e tudo simplesmente fluiu", ela contou ao *Star Pulse*. "Nós paramos de dançar e nos sentamos na beira da cama, ouvindo a letra da música e pensando 'Minha nossa!'"

Katy já não queria mais imitar os grandes sucessos gospel de sua era — ela havia encontrado seu modelo. "Foi um momento em que tudo parecia acontecer em câmera lenta. As nuvens se moveram, o sol começou a brilhar e eu pensei: 'Encontrei! Encontrei um artista com o qual eu quero parecer!", ela disse entusiasmada. "Todos nós temos aquela pessoa que queremos ser, aquele pôster na parede — Elvis, Madonna. Para mim foi 'Killer Queen' — eu queria ser como Freddie Mercury."

Mais tarde ela contou ao *E! Entertainment* que seu mundo inteiro havia parado: "Eu pensei: 'Quero ser como uma rainha fatal louca, intempestiva e corajosa que não aceita não como resposta'". Freddie seria um problema para a visão de mundo dos pais de Katy, com suas roupas exibicionistas, o estilo de vida abertamente homossexual, que causou sua morte prematura por causa da AIDS, e o *rock* marcante que fez sua carreira — mas Katy estava encantada e preparada para assumir o risco.

Logo era sua visão de mundo que começava a mudar. Dos hinos que antes cantava com entusiasmo, ela dizia que os cantou "até seu rosto ficar azul". Depois, clandestinamente, introduziu novos artistas ao seu repertório musical. "Eu me tornei uma esponja, absorvendo a cultura *pop* de Madonna aos Beach Boys. Eu estava aberta a experimentar coisas e ideias novas", relatou ao *E! Entertainment*.

Quando o grupo New Kids on the Block fez seu retorno, Katy os ouvia pela primeira vez. "Eu não presenciei muito da cultura *pop* dos anos 1990", ela contou ao *Dutch ElleGirl*. "Não tinha ideia do que acontecia! New Kids on the Block ainda são os *novos* garotos para mim. Eu não consigo ouvir nada antigo deles. É bem engraçado!"

No entanto, não eram as bandas de garotos inocentes bem vestidos e com suas histórias de paixão que atraíam Katy. Ela estava interessada em "mulheres fortes", como Fiona Apple, Gwen Stefani,

Shirley Manson, Joan Jett e Cyndi Lauper. Ela também respeitava Madonna por ser mais velha e ainda relevante e "legal demais".

Uma de suas favoritas era Alanis Morissette. "O disco *Jagged Little Pill* teve uma grande influência em mim", ela contou ao *Star Pulse*. "Todo mundo ouvia aquele disco e havia uma música, se não todas, que se relacionava com as pessoas. Era uma trilha sonora à vida. Eu a escutava no verão sem parar."

Katy se inspirou nessas artistas e começou a praticar o violão em todos os momentos livres do dia, até as "pontas dos dedos sangrarem". Seu maior modelo era Freddie Mercury — outro artista que carecia de autoconsciência. Para Katy, cujos movimentos eram examinados pela família para manter seu comportamento puro e cristão, a falta de censura de Freddie era profundamente inspiradora. "Freddie Mercury era uma pessoa impressionante", ela riu para o *BBC Entertainment*. "Era como se ele não se importasse com o que pensavam ao seu respeito, e ele sempre valorizava o entretenimento no *show*."

Comentando sobre o sucesso controverso do Queen, *Fat Bottomed Girls*, ela disse: "Quem diria que alguém escreveria uma música sobre garotas com bumbuns grandes? Todo mundo cantarolava essa música e, não sei, ele parecia ter um bom senso de humor em sua vida, era esperto e inteligente e, basicamente, dizia exatamente o que vinha à mente — e eu respeitava isso. Ele nunca se censurou por causa de outras pessoas." A liberação e o humor eram, aos olhos de Katy, o que faltava em sua criação. Ainda assim, ela amava seus pais e respeitava sua fé.

Na verdade, falando sobre as excentricidades de seus pais nos primeiros anos, ela insistiu: "Eles são um tipo diferente de cristãos... Às vezes as pessoas veem meus pais usando roupas de pregadores evangélicos e eu penso: 'Não, na verdade meu pai tem quatro tatuagens'. Quero dizer, eles sempre falam sobre Jesus, mas meu pai é um tipo de pastor roqueiro moderno. Nós definitivamente concordamos com o fato de que discordamos em algumas coisas, mas não acho que isso seja anormal no relacionamento entre pais e filhos".

Mesmo seu pai não sendo um pastor convencional, o gosto musical de Katy ainda não era aprovado. Ouvir nomes conhecidos na música que a maioria das crianças cresceu ouvindo se tornou um privilégio cobiçado pelo qual Katy tinha de implorar. "Eu comecei aos poucos, perguntando: 'Ei, será que posso ouvir os Beatles?'", contou ao *CBS News*. "E eu tinha amigos que me influenciaram com seu gosto. Você sabe, amigos que eu admirava e que eram muito mais legais — eles conheciam o mundo, entende? E eu dizia: 'Nossa, me ensinem tudo!'"

Na mesma época, Katy começou a se interessar pela dança, outro fruto proibido aos olhos de sua família. "Fui para o Centro Recreativo de Santa Barbara e aprendi a dançar lá", contou ao *Artist Direct*. Aprendi com algumas das dançarinas mais experientes desse meio. Essas garotas saíam de seus Cadillacs antigos com suas saias tubinho e seus pequenos casacos de lã apertados, e eu pensava que aquilo era tão único e diferente do que estava acontecendo nos anos 2000... A ideia de ter meu próprio estilo me atraía porque eu comecei a dançar *swing*, *lindy hop* e *jitterbug*."

A fascinação que ela sentiu por essas dançarinas veteranas sexualmente poderosas e que pareciam se vestir perfeitamente encorajou Katy a reinventar seu próprio estilo. "Os anos 1940 sempre foram minha maior inspiração, porque eu adorava a forma como as mulheres se vestiam", contou ao *Black Book*. "Tudo era muito bem cuidado. Claro, elas tinham saias tubinho e grandes casacos, mas, debaixo daquela saia e daquele casaco, aquela garota vestia um sutiã pontudo, liga e meias finas. Ela sabia que era muito sensual e não precisava dizer a ninguém e eu acho que isso era muito legal."

Essa metáfora parece perfeita para os primeiros anos da vida de Katy. Ela era visivelmente temente a Deus e repeitadora, mas debaixo daquela máscara havia uma garota que contradizia totalmente essa imagem e que desejava se libertar; uma garota que cantava *Fat Bottomed Girls* de Queen tão alto quanto o cantor e que não escondia sua sexualidade nem por um momento.

Katy também gostava da sexualidade na Betty Boop, das garotas de Vargas e das pin-ups. Ela era secretamente fã dos vestidos tipo boneca de Courtney Love, com decote coração. O visual ultrajante, porém feminino, de Courtney até deu nascimento a um estilo conhecido como *kinderwhore*, que seria uma mistura de vestidos tipo infantis com um toque de ousadia. Era caracterizado por estampas de oncinha, tons rosa-pastel, *glitter*, camisetas estilo Garotas Superpoderosas e joias coloridas e infantis.

Em uma rara ocasião, ela teve permissão para comprar um desses itens da moda que tanto desejava, mas o tiro saiu pela culatra. "Eu tinha uma jaqueta linda com estampa de oncinha e eu ia à escola vestindo aquela jaqueta, [mas] todos me ridicularizavam", Katy recordou ao *The Guardian*, desapontada. "Eu a vendi a uma loja de roupas usadas dois anos depois para comprar mais roupas."

Outro modelo de moda para Katy era Lolita, a sedutora adolescente do romance de mesmo nome escrito por Vladimir Nabokov. Esse desejo de imitar Lolita parecia simbolizar o conflito entre a jovem sexualmente atraente que ela queria ser e a inocente garota temente a Deus que seus pais teriam preferido criar. O visual Lolita permitia que Katy fosse inocente, porém provocante, parecendo sensual ao mesmo tempo em que se camuflava detrás de uma jovem íntegra e despretensiosa. Katy afirmou que, apesar de querer crescer rápido, ela "queria ser criança para sempre".

Mas o fato é que Katy não podia mais se esconder atrás das cortinas da infância por muito tempo. Enquanto crescia, ela teve de encarar o grande tabu em uma família de pastores: uma paixão lésbica. Ela contou à revista alemã *Bravo*: "Quando me apaixonei pela primeira vez, não foi por um garoto — o nome dela era Anna! Nós compartilhávamos tudo, como as melhores amigas fazem. Anna era incrivelmente bonita, uma doce bailarina — ela era perfeita. Infelizmente nunca nos beijamos, que pena!".

A homossexualidade era estritamente proibida na Bíblia, portanto Katy teve de negar seus sentimentos e, como muitos dos outros sentimentos que a atormentavam, ela manteve esse em segredo. A cantora também tentou reprimir seu estilo. Apesar de suas fantasias de moda exibicionistas — incluindo uma saia de bolinhas verde-limão com uma blusa de cetim cor-de-rosa que ela tinha trazido de uma loja Betsy Johnson —, na verdade, ela preferia não se arriscar e vestia jeans e camiseta.

Enquanto ouvia música não religiosa secretamente, sua imagem pública para o mundo ainda era pura religião. Ela disse que o mundo estava precisando de bandas que falassem sobre Deus e contou ao *Cross Rhythms*: "Penso muito nas pessoas da minha idade que estão buscando algo real. Acho que todos estão cansados de oprimir o cristianismo. As pessoas não querem mais isso, elas querem alguém que venha e diga: 'Ei, não seja bobo, Jesus Cristo é o único caminho'".

E acrescentou: "Eu cresci sabendo que Deus oferece esse grande presente chamado salvação e que todos necessitamos, porque não conseguimos respirar sozinhos. Precisamos de esperança em nossa vida e Deus é basicamente isso".

Katy havia decidido que queria que Deus "assumisse o controle" de sua vida, mas, já adulta, será que ela continuaria seguindo esse caminho ou será que começaria a se responsabilizar pela escolha de seu próprio caminho? Com esses conflitos à sua espera, talvez não seja tão admirável o fato de que Katy não tivesse tanta pressa para crescer.

CAPÍTULO 2

UMA CHRISTINA POLIDA

Durante esse período turbulento da vida de Katy, a única coisa que permaneceu coerente foi seu amor pela música. No entanto, para uma garota que queria ser uma rainha fatal, os olhos observadores de seus pais garantiram que esse não seria um caminho fácil para ela.

"Uma vez Katy brincou que sua família era como os seguranças de um aeroporto", revelou um amigo de colégio. "Havia uma longa lista de itens que não passavam pelos sensores, no entanto, em vez de objetos pontudos, eram coisas como os CDs de Madonna! Sua família provavelmente a via como uma pagã. Era assim com a maioria de nós na nossa escola, mas com certeza os pais de Katy eram particularmente rigorosos."

Ela precisava encontrar uma maneira de combinar esses dois aspectos principais de sua vida e conseguiu isso quando gravou uma *demo* em uma organização musical cristã chamada The Dream Center. Lá ela descobriu que seus pais não eram os únicos que acreditavam em seu talento. O produtor musical David Henley também viu seu potencial. "Ela tinha o necessário para mudar o mundo", disse.

E continuou: "No momento em que conheci Katy, eu sabia que ela estava destinada ao sucesso. Katy e minha filha eram amigas do acampamento de jovens e ela era muito importante no culto da nossa igreja. Ela tinha mais vitalidade e energia do que qualquer pessoa que eu já conhecera. Produzi uma *demo* para ela em nosso estúdio, que se destinou principalmente ao mercado cristão, mas teve um grande apelo junto a outros públicos. Katy foi abençoada por Deus com muitos talentos".

Suas palavras a inspiraram, mas, apesar de seu incentivo, ela nem imaginava o que estava por vir. Sua *demo*, apenas uma sessão de improviso casual para canalizar sua energia criativa durante um período de tédio, chegou ao conhecimento do Dr. Pamplin, titular de uma igreja evangélica e de uma gravadora de músicas cristãs, Red Hill Records, localizada em Nashville, Tennessee, berço da música *country*. Era o momento perfeito. Red Hill estava buscando um novo artista — alguém que chamasse tanta atenção quanto Christina Aguilera e Britney Spears, porém com uma imagem mais polida. Eles procuravam alguém com a inquietude da tendência *pop*, mas que pudesse ser comercializada de uma forma adequada ao público cristão — e essa pessoa era Katy.

Um funcionário da gravadora revelou anonimamente: "Estávamos procurando uma artista que pudesse chamar a atenção do público tão intensamente quanto Christina [fez mais tarde] em seu vídeo *Dirrrty*, contorcendo-se em um ringue de boxe vestindo pouco mais do que calças de couro — mas pelos motivos corretos. Alguém que pudesse representar um modelo positivo. Precisávamos de alguém que pudesse passar a mensagem de Deus com a mesma intensidade". Poderia Katy ser a princesa *pop* angelical que a gravadora desejava?

No entanto, Katy, uma garota cujo coração pertencia à Califórnia, já tinha sérias restrições. Ela disse à revista *Christian Contemporary Music*: "Em Santa Barbara, eu estou a cinco minutos da praia e a dez minutos das montanhas. Nunca me mudaria para Nashville!".

Essa seria apenas a primeira de uma série de confissões cada vez mais sinceras. Desde o início, Katy se recusou a representar o papel de uma artista feminina temente a Deus e seguiu um caminho de honestidade impulsiva. Segundo alguns observadores, foi uma decisão que poderia ter significado o fim de sua carreira. Ela poderia ter tido o apoio dos veteranos aprovados por seus pais na indústria da música cristã, mas a carreira de Katy parecia estar destinada ao fracasso desde o início.

Apesar disso, seus pais acreditavam que ela tinha o necessário para fazer sucesso na indústria gospel e, dando sua bênção, aprovaram a viagem a Nashville. No entanto, longe de ser a rainha do *glamour* audacioso que ela veio a se tornar, naquele momento, Katy era desajeitada e tímida e, definitivamente, não estava acostumada a se apresentar fora de igrejas ou grupos de jovens.

Felizmente, ela tinha uma amiga que poderia ajudá-la. "Minha outra família naquela época era uma família de surfistas *hippies* cujos filhos eu conheci na minha escola cristã", disse Katy à *Christian Music Central*. "Eu levava meu violão e, de vez em quando, eles me ensinavam acordes e canções do culto e foi assim que eu aprendi a maioria dos acordes para minha gravação."

Munida com o violão azul surrado que foi seu maior tesouro durante a juventude, Katy também procurou a ajuda da professora local de violão, Agatha Carubia. Toda semana, ela tinha uma aula particular de uma hora de duração na Music Academy of the West, em Santa Barbara. "Eu a incentivei porque ela não só era talentosa, como também já estava vivendo sua vocação", Agatha contou. "Ela era intensa e focada, decidida e forte. Katy era uma adolescente com um plano."

Com tempo livre antes de sua viagem a Nashville, Katy recebeu de Agatha dicas relacionadas tanto ao violão, quanto à sua preparação vocal, praticando sutilmente suas habilidades de composição entre uma visita e outra. Agatha explicou: "Nas aulas, trabalhávamos com uma técnica vocal clássica para exercitar toda a extensão da voz. Nossa ênfase era na respiração e na compreensão da mudança acústica. Eu queria que ela soubesse aquecer a voz. Katy gostou do aspecto técnico que trabalhamos, pois ele agregou suavidade a suas canções e consistência em sua voz. Ela queria [o sucesso] muito seriamente".

Agatha ficou impressionada com a facilidade com que Katy tocava o violão. "Ela o segurava do jeito mais natural possível e o tocava de uma forma suave. Ela e seu violão eram muito próximos."

No entanto, foi sua atitude focada que mais impressionou a professora. Apesar de sua inexperiência, as sessões ajudaram a jovem cantora a construir uma identidade. "Katy sabia perfeitamente quem ela era como artista. Ela compunha suas próprias músicas", Agatha lembrou. "Isso foi mais importante do que qualquer outra coisa."

Katy concordou, dizendo mais tarde ao *Christian Retailing*: "Eu realmente respeito cantores que também são compositores, porque isso é original. Não é uma cópia! Vem direto do coração".

Para continuar trabalhando nessas músicas, Katy finalmente reservou uma passagem de avião para Nashville, onde aprenderia seu ofício com a ajuda de produtores e compositores experientes. O Tennessee era famoso por suas conexões religiosas, ostentando um grande contingente de músicas cristãs, embora também tenha sido berço de artistas mais rebeldes, como Kings of Leon e — em menor extensão — Justin Timberlake. Katy ficou empolgada com a possibilidade de se juntar a eles, mas havia um problema: Nashville não era o lugar onde ela queria estar. "Meus pais começaram a perceber que suas conexões levavam diretamente a Nashville e, como eu era muito jovem, não havia 'se', nem 'e', nem 'mas', não havia discussão", ela contou ao *Star Pulse*.

Todavia, seus novos mentores lhe ensinaram tudo o que ela precisava saber. "Eu fui para Nashville e fiquei rodeada por todos aqueles compositores veteranos e eles me mostraram como esculpir uma música", ela lembrou. "Eu vi como aquilo era importante e passei a compor de uma maneira diferente. Em cada música você precisa de estrofe, refrão, estrofe, refrão, ponte e depois refrão. Eu não sabia disso — pode haver muitas formas diferentes e você também pode não seguir essas regras para compor uma música."

Nessa época, Katy tinha acabado de completar dezesseis anos, mas seu amor pela composição de músicas colocou sua educação em segundo plano. Ela se inscreveu em um programa de ensino domiciliar na internet e disse ao *Christian Retailing*: "Eu realmente queria fazer o Ensino Médio na escola. Frequentei as aulas durante um semestre e adorei. [Mas] é necessário sacrificar algumas coisas. Qualquer um pensaria 'Oh, ela teve de abrir mão do convívio com os colegas. Tadinha. Vou chorar litros por você' Mas eu não me importo. Quero me manter focada e continuar aprendendo".

Quando Katy chegou a Nashville, estava extremamente nervosa. "Parecia que todos se conheciam, mas eu não conhecia ninguém. Isso me fez sentir como uma criança novamente, como se estivesse crescendo", ela disse à *Christian Music Central*. "Eu me sentia intimidada até em tocar aqueles cinco acordes que eu conhecia super bem."

No entanto, ela não precisou se preocupar, pois encontrou um mentor com boa vontade: o compositor Brian White, que percebeu sua energia imediatamente. "Quando conheci Katy, eu soube, num piscar de olhos, que ela tinha aquele algo a mais", disse. "E não era simplesmente uma atitude exagerada de 'eu quero ser uma estrela', era apenas uma adolescente com amor pela música, uma quantidade inacreditável de talento e iniciativa e uma fé da qual ela não se envergonhava. Era como um grande talento preso em uma garrafa, e você sabia que, quando tirasse a tampa, seria surpreendente."

Ele também direcionou sua criatividade. "Na época em que trabalhei com Katy, ela era uma adolescente e o mundo era um parque de diversões para ela", lembrou. "Estar em Nashville foi uma experiência diferente e eu queria que ela não ficasse deslumbrada com essa nova liberdade para poder se concentrar no que estávamos fazendo. A verdade é que o mundo da música é divertido, deveria ser divertido e era divertido, mas há um lado muito sério quando se grava um disco. Um disco é um pedaço de você, e você está oferecendo esse pedaço ao resto do mundo. Palavras, uma vez ditas, dificilmente são esquecidas. Você precisa conviver com elas ou engoli-las. Eu não queria ser como os pais dela, porque ela já os tinha — e eles eram pessoas maravilhosas. Eu queria ser um amigo, queria ser a voz da razão para guiá-la nessa experiência inicial."

Atendendo ao pedido de Brian, Katy compôs devocionais para todas as músicas — pequenas composições temáticas retratando referências bíblicas que resumiam a inspiração para cada música. Garantir que Katy passasse uma mensagem cristã que tocasse outras pessoas como ela e se encaixasse na visão da gravadora era o principal objetivo de Brian. "Ao trabalhar em uma gravadora cristã, obviamente o foco é a mensagem teológica da música", ele lembrou. "Katy queria desafiar seus ouvintes e também queria compartilhar seus esforços de uma forma bem transparente. A verdade era importante, e sua honestidade também. Para mim, trabalhar com um livro aberto e inexperiente resultou em músicas que tocavam direto no coração. Katy não tinha vergonha de falar sobre sua fé e sabia que essa era a missão de sua vida."

Ele acrescentou sobre os devocionais: "Eles eram como um estudo da Bíblia que o ouvinte poderia usar enquanto escutava o projeto. Deveria ser uma espécie de reflexo de onde essas músicas surgiram e por que ela se sentia compelida a compô-las, com as referências da Bíblia que se encaixavam na mensagem da música. Era minha maneira de tentar fazer com que um público de todas as idades ouvisse uma adolescente e sua arte e a levasse a sério — sabendo que isso era mais do que música, era o coração e a alma de uma pessoa apaixonada por sua fé".

Segundo Phillip von Wrede, coordenador de vendas e *marketing* da gravadora, Katy precisava desesperadamente daquela orientação. "Eu senti que aquele período da vida de Katy era de um certo "desalinhamento" e que ela precisava se sentir à vontade consigo mesma. Dino, o chefe, estava ajudando a lapidá-la para modernizar seu estilo em relação à música contemporânea que ela estava acostumada a cantar nas igrejas. No começo, Katy ficou um pouco tímida. A experiência em geral foi decisiva para ela, que começou a passar para um novo nível. Katy estava ouvindo muitas pessoas e tentando agradar a todas elas."

De fato, a própria Katy admitiu isso quando contou ao *Christian Retailing* sobre a produção do disco: "Com tantas influências, não se sabe o que fazer. Todos diziam: 'Faça desta maneira', e eu pensava: 'Meu Deus, ajude-me a descobrir o que eu quero ser!'. Você sempre pode ouvir o que as outras pessoas têm a dizer, mas a maioria das palavras não soa bem aos seus ouvidos".

Katy era uma mistura curiosa de ousadia e insegurança e ela sabia que estava tendo uma crise de identidade. Seu objetivo era encontrar um equilíbrio entre colaborar com outras pessoas e dizer o que ela tinha vontade. Na primeira música que compôs, Katy conseguiu fazer isso. Quando compôs 'Trust in Me', ela estava muito insegura, perguntando a si mesma se realmente merecia a oportunidade que havia recebido da gravadora. A música se referia ao abismo entre quem ela era e quem ela achava que os outros queriam que ela fosse.

Na verdade, nos bastidores, Katy estava passando por um conflito maior. "Assim que assinei o contrato, eu estava em um momento da minha vida em que pensava: 'Eu não sei se posso manter essa promessa [de esperar até o casamento] porque esse rapaz do acampamento é muito bonito'. Nós não conversávamos sobre sexo na minha casa, a não ser o essencial", contou ao *Effect Radio*.

'Trust in Me' falava sobre a culpa que ela sentia por agradar aos pais, a gravadora e, claro, Deus, ao mesmo tempo em que tentava ser verdadeira consigo mesma. "Mesmo com essa enorme bênção e a oportunidade de gravar um disco, eu ainda me concentrava nos meus erros e me perguntava se Deus me aceitava", ela disse à *Christian Music Central* sobre essa música. "Eu só estava lidando com o fato de que ainda podia ser amada. Esse é um aspecto da misericórdia que talvez eu nunca entenda."

E acrescentou em seu *site* pessoal: "Eu estava me sentindo um pouco deprimida naquele momento e estava pensando em todas as coisas que havia feito de errado. Eu me sentia como se fosse o óleo e Deus, a água, e nós não nos misturávamos. Comecei a compor sobre isso e Deus trouxe paz ao meu coração. Eu realmente sentia que Ele estava dizendo: 'Não se preocupe, garota. Confie em mim'. Havia aberto meu coração para o processo de cura".

Ao falar sobre o conflito que Katy sentia entre sua vida particular e sua vida profissional, Philip von Wrede disse: "Acredito que por muito tempo ela cantou sobre o que achava que as pessoas queriam escutar, em vez de cantar sobre o que sentia. Como ela se sentia um pouco anti-Nashville, acho que o mercado predominante estava mais perto de onde ela realmente queria ir. Ela não gostava da ideia de que todos os artistas cristãos se mudam para Nashville. Acredito que ela se sentia mais em casa na Califórnia e com a mentalidade dos californianos. Katy era um pouco grunge, vestia roupas largas e usava pouca maquiagem e, na minha opinião, ainda estava tentando encontrar seu próprio estilo e seu próprio visual".

Ele acrescentou: "Quando ela se sentiu mais confortável consigo mesma, percebeu que talvez o mercado cristão não estivesse aberto para seus pontos de vista ou sentimentos. Naquela época, profissionalmente, ela continuou religiosa. No entanto, pessoalmente, ela mostrava aos seus amigos mais próximos seu lado selvagem e suas verdadeiras opiniões acerca de determinados assuntos".

Ela estava lutando com as escolhas que a vida adulta oferecia, equilibrando as tentações com o desejo de agradar. Outra faixa do disco foi intitulada 'Growing Pains', um nome apropriado para o momento em que ela se encontrava. Katy viu a música como um hino levemente agressivo para adolescentes malcompreendidos que eram perseguidos por causa de sua idade. "Crianças não gostam de ser rejeitadas como se não soubessem nada sobre Deus ou aquilo em que realmente acreditam", Katy escreveu em seu *site*. "Às vezes, pessoas mais velhas podem estereotipar essa geração por causa do que elas escutam — basicamente, as mentiras que dizem que não somos bons em nada ou que só estamos interessados em usar drogas e nos meter em problemas. Isso não é verdade. Eu nunca vi um limite de idade para que uma pessoa possa ser instrumento de Deus." Extraordinariamente, a mensagem séria com tema gospel foi combinada a uma melodia de *rock* alternativo que poderia facilmente ter sido inspirada por 'Bohemian Rhapsody', do Queen.

Desde o início, Katy nunca foi uma compositora cristã convencional e 'Piercing' foi outra música que causou uma reviravolta. "O coração e a alma da música vieram de Katy", disse o coautor Brian White. "Ela queria uma música que falasse do seu comprometimento. A palavra *piercing*, que quer dizer "penetrante", foi perfeita para expressar a forma como ela sentia que Deus estava entrando em sua alma, uma palavra forte e visual para enfatizar a paixão de seu amor por Cristo em uma música."

No início, parecia ser apenas mais uma inocente ode à palavra de Deus, mas, após uma noite de apresentação no grupo de jovens da igreja local de Brian, o título passou a ter um significado totalmente novo. "Era apenas Katy e seu violão acústico", ele lembrou. "Além de ter um grande talento, ela é cheia de personalidade, por isso os jovens da minha igreja se apaixonaram por ela imediatamente. Mais tarde, naquela noite, voltamos para minha casa, pedimos uma *pizza* e ficamos ouvindo músicas e conversando com meus filhos. Meu filho Blair, que compõe e toca violão, adorou o que ela produziu musicalmente, além de tê-la achado bastante simpática."

No entanto, foi com a filha de Brian que o lado travesso de Katy entrou em ação. "Katy e minha filha Brooke se deram muito bem e Brooke adorou o *piercing* que Katy tinha no nariz. Alguns minutos depois, as duas desapareceram e nós as encontramos no banheiro com um cubo de gelo e uma agulha, e Katy estava furando o nariz da minha filha! Até hoje nós rimos por causa dessa história e eu acho muito divertido que tenhamos composto juntos uma música chamada 'Piercing' para o disco de Katy — muito apropriado!"

O amor de Katy por Deus se exteriorizou em músicas como 'When There's Nothing Left', que descreve um relacionamento incomum com seu Criador. Competitiva como sempre, ela queria superar os compositores de músicas românticas tradicionais e criar uma reviravolta — uma música que descrevesse um romance, não com um namorado ou um marido, mas com Deus.

Ela escreveu em seu *site*: "Essa música é uma 'carta de amor' simples, pura e clara para Deus. Eu estava pensando na grande quantidade de histórias de amor a respeito de casais que fazem qualquer coisa para ficarem juntos — eles até morreriam por isso. Eu queria compor acerca de uma história de amor mais famosa. Compus como se estivesse apaixonada por Ele, como se sempre fosse dar tudo de mim a Ele, ainda que eu não tivesse mais nada para dar".

Os cristãos mais tradicionais não conseguiram apreciar os sentimentos de Katy e alguns ficaram boquiabertos. "Isso é uma blasfêmia", reclamou um blogueiro anonimamente. "Ela deveria pensar com mais cuidado antes de falar qualquer coisa."

Ela novamente chocou as pessoas com 'Last Call', uma música inspirada em um livro que ela havia lido, *Last Call for Help*, de Dawson McAllister. Dawson era apresentador de um programa cristão e colunista que havia se inspirado a escrever acerca de suas experiências para convencer adolescentes desesperados a evitar a automutilação, o suicídio e a violência. Na música, Katy encorajava os adolescentes a procurarem Deus quando precisassem de ajuda, substituindo o número de telefone do disque-ajuda de Dawson pelo da igreja de seu pai.

Enquanto dava os retoques finais na música, seu pai entrou em cena. Sem perceber que ela havia lido o livro, ele disse que havia tido uma visão profética, sugerindo que ela compusesse uma música sobre um último pedido de ajuda. Aquilo foi tudo o que Katy precisava saber — e outra música surgiu. Ela lembrou em seu *site*: "Eu fiz o personagem se dar conta de que esse telefonema para Deus pedindo ajuda foi o melhor telefonema que ele fez na vida".

Mais uma vez, Katy demonstrou a intensidade de suas crenças em 'Faith won't Fail'. A música a representava deixando a cautela de lado, rendendo-se à fé cega e estava cheia de referências bíblicas sobre salvação, onde a fé havia prevalecido. Ela recontou a história de Daniel, que havia sido arremessado em uma cova com leões, mas sobreviveu quando Deus, percebendo sua inocência, enviou um anjo para fechar as mandíbulas dos animais e afastar sua ânsia por sangue humano. Ela também citou a história de Pedro, que foi capaz de andar sobre as águas para alcançar as mãos estendidas de Jesus. No momento em que se desviou de seu Salvador, ele começou a afundar no oceano, mas — mantendo os olhos fixos em Jesus — ele escapou do afogamento. Esse foi exatamente o tipo de fé cega à qual Katy queria dar vida na música.

"Eles tinham fé suficiente para deixar seus problemas no passado", ela enfatizou em seu *site*. "Diversas vezes eu me distraio e perco o foco na minha relação com Cristo. Mas tento manter a fé persistente para passar pelos problemas. Até mesmo aquela pequena semente de fé sempre move minhas montanhas." Mesmo assim, ainda havia momentos em que Katy se sentia temerosa e insegura. Apesar de sua determinação, o disco também tinha um lado negro. Por exemplo, nos primeiros *shows* com grupos de jovens da igreja, em uma brincadeira, Katy perguntou à plateia se ela compartilhava suas inseguranças da adolescência e ainda dormia com a luz acesa. Após receber rugidos ensurdecedores de aprovação, ela percebeu que precisava compor uma música que atingisse as pessoas que sentiam a mesma coisa. Intitulada 'My own Monster', ela esperava que a música as inspirasse a combater o medo.

"Eu expus um dos meus segredos pessoais", Katy explicou em seu *site*, "expus o fato de que eu também luto contra o medo. Certa noite, percebi que realmente precisava da ajuda de Deus, de Seu amparo, como diz o refrão. Quando eu era criança, meus pais me diziam para orar quando eu estivesse com medo e dizer ao demônio para ir embora. Eu me lembrei de tudo o que queria escrever a respeito de como encontro meu refúgio nos braços Dele. Se você der espaço ao medo, ele vai te devorar."

Sobre essa música, Katy acrescentou à *Christian Music Central*: "Ela diz exatamente que seu pior inimigo é você mesmo. Quando você permite que o medo entre em seu espírito, você oferece a ele uma porta aberta para sua mente e seu coração".

Por que Katy tinha medo? Porque vivia em um lar estritamente cristão, carregava o peso das expectativas de sua família e ficou dividida entre seguir a vontade de seus pais e seguir seu coração. Na verdade, foi a mãe de Katy que inspirou sua próxima canção.

'Spit', uma música sobre a infidelidade a Deus, extravasava um pouco de sua culpa por viver uma "vida de pecado". Apesar de ela ter dirigido a música a colegas cristãos "hipócritas", que supostamente viviam uma vida pura, será que essa música poderia também ter sido autobiográfica?

Ela disse em seu *site*: "Eu me perguntava como as pessoas mudariam e evoluiriam se Deus frequentasse a minha escola. Eu pensava:

se Jesus voltasse a viver como um simples aluno do Ensino Médio, como você se comportaria na frente Dele? Você não compreende a dor que Ele sente quando você faz essas coisas, como pode cuspir no rosto Dele? É uma gozação, mas também é verdade".

E ela acrescentou: "Se você convida Cristo ao seu coração, Ele permanece lá, aonde quer que você vá. Eu quero que as pessoas entendam que, quando elas ignoram Cristo e vivem sua vida, isso O machuca. É como se a dor O estivesse crucificando repetidamente. Mas você acredita que Ele perdoa tudo?".

No entanto, foi 'Search me' que expressou a maior percepção sobre seus conflitos. Na letra, ela pergunta a Deus porque ainda insiste em se esconder atrás de máscaras quando tem consciência de que Ele sabe tudo o que se passa em sua mente.

'Naturally' foi uma música profética que parecia prever o futuro de Katy. Ela falava sobre viver sozinha, sucumbindo à perda de controle, sem encontrar as respostas que queria ouvir. Alguns anos depois, Katy embarcaria em semelhante jornada solitária ao ser rejeitada pelas gravadoras, vivendo longe de casa. Ela se afastaria de Deus, como a música descreveu, e iniciaria sua caminhada em direção ao sucesso. Aos quinze anos, quando compôs a canção, Katy já tinha uma ideia do que estava por vir, mas a música acabava com uma nota positiva, retratando a salvação.

"Acredito que alguns jovens têm seus momentos mais solitários durante esse período de sua vida", ela disse em seu *site*. "Acho que eles estão passando por alguns testes para se tornarem adultos e enfrentando tudo o que vem junto nesse momento, sejam problemas com seus pais ou a impressão de que são os únicos que estão passando por isso. Eles não se dão conta de que possuem um melhor amigo que nunca os decepciona — alguém que está do lado deles. Ele compreende tudo." Obviamente, ela se referia a Deus.

Enquanto Katy lutava para encontrar a confiança que precisava para moldar sua personalidade nos palcos, foi novamente a Deus que ela recorreu — na verdade, ela acreditava que Ele era o único que a conhecia de verdade. Descrevendo seu Criador como alguém que a conhecia melhor do que ela mesma, Katy pediu a ajuda Dele quando seus sonhos de subir ao palco finalmente se tornaram realidade.

Ela lembrou em seu *site*: "Eu estava enfrentando o fato de que seria responsável pela forma como as outras pessoas seriam afetadas por aquilo que eu estava dizendo ou fazendo no palco. Não quero fingir que tudo é bom, quando, na verdade, não é. Eu queria ser sincera, mas também queria dar esperança às pessoas. Eu estava tentando descobrir como combinar as duas coisas, por isso deixei meus dons de lado por um tempo".

E continuou: "Eu olhei para trás e percebi que Deus esteve comigo durante todo esse período de minha vida. Ele sabia que um dia eu acordaria e me lembraria do maravilhoso dom que recebi e como tantas outras pessoas gostariam de estar no palco que eu estava deixando empoeirar".

No entanto, para Katy, isso estava prestes a mudar. Seu disco estava pronto e longe de estar empoeirando, e ela estava pronta para conquistar novos públicos. Até esse momento, ela havia quebrado a promessa que fizera a si mesma de que nunca moraria em Nashville, mudando-se com sua agente publicitária, Mandy Collinger-Parsons. Ela criou raízes na cidade, namorou um garoto local e cultivou uma firme amizade com Mandy.

Ao falar sobre esse período, Mandy contou: "Katy é muito amorosa e cuidadosa. Certa vez, eu saí do trabalho mais cedo para buscá-la e levá-la ao concurso de bandas na escola de seu namorado, mas sofri um grave acidente de carro no caminho e, quando ela descobriu, correu para o hospital. Ela se sentiu culpada e ficou ao meu lado o tempo inteiro".

A maior parte do tempo de Katy em Nashville passou tranquilamente e a Red Hill ficou satisfeita com seu disco. O próximo passo era encontrar um empresário. Felizmente, já havia uma empresa querendo assinar um contrato com ela. A artista de *rock* cristão Jennifer Knapp e seu parceiro de negócios, Steven Thomas, haviam criado a Alabaster Arts com o objetivo de descobrir talentos do *rock*, e Katy os impressionou desde o momento em que eles a viram em uma apresentação informal e reservada na Califórnia.

"Nós esperamos anos para encontrar a artista certa", Steven lembrou. "Katy possuía a combinação perfeita de talento e coração. Hesitamos diante da ideia de assinar um contrato com uma adolescente, mas Katy tocou nosso coração profundamente desde o início. Acreditamos que ela tem um longo futuro nos palcos, principalmente porque é uma ótima compositora."

Jennifer também ficou preocupada em assinar com Katy, que tinha apenas dezesseis anos de idade. "Estávamos passando por momentos muito difíceis e eu disse: 'Não sei se quero me envolver nisso'. Eu não concordo em usar — na falta de um termo melhor — um artista para vender discos", ela explicou. No entanto, depois de certa busca interior e um pouco de persuasão por parte dos ávidos pais de Katy, os dois chegaram a uma decisão mútua.

"A questão era se iríamos investir nisso e depois seríamos ridicularizados por termos assinado um contrato com uma artista jovem ou se permitiríamos que ela seguisse outro caminho sem alguém que se preocupasse com ela", Jennifer recordou sobre o contrato. "Parece egoísta pensar que seríamos capazes de fazer aquilo, mas eu nos consideraria um fracasso se não tivéssemos feito isso por ela. Não abrimos este negócio para ganhar dinheiro. Queremos que os pais tomem as decisões. Realmente não estamos querendo dominar o mundo com ela. Acho que ainda faltam alguns anos para isso e eu gostaria que ela pudesse votar primeiro!"

Katy podia até ser jovem, mas já estava causando problemas. Sua estreia em uma noite de compositores no Douglas Corner Cafe, em Nashville, colocou-a frente a frente com veteranos intimidantes que tinham o triplo de sua idade. Naquele momento, o semblante de Katy era diminuto e despretensioso — ela estava pouco maquiada e ainda não havia desenvolvido uma presença de palco forte ou um senso de estilo. Mesmo assim, segundo alguns espectadores, a indiferença da plateia se transformou no momento em que ela começou a cantar. Ao ouvir sua música 'Search me', um colega compositor exclamou: "Isso me deixou impressionado! Quantos anos você tem, mesmo? Isso não é justo". Essa foi a aprovação pela qual Katy tanto havia esperado.

Com um empresário, havia chegado o momento de colocar o pé na estrada e fazer *shows*. A irritabilidade incomum e as várias manias de Katy rapidamente dificultaram as coisas para ela, mas felizmente havia pessoas com opiniões semelhantes na turnê que poderiam ajudá-la. Em fevereiro de 2001, ela iniciou uma turnê pelo país com os cantores cristãos V★enna, Earthsuit e Phil Joel.

Katy e Adam LaClave, vocalista do grupo Earthsuit, rapidamente criaram um laço. Ambos eram forasteiros na cultura cristã — Adam por liderar uma banda de *punk rock* e Katy simplesmente por ser ela mesma. "O mercado cristão definitivamente não gostava de Katy", Adam contou. "Sua música se encaixava perfeitamente nos padrões, mas sua personalidade dentro e fora dos palcos era incontrolável demais para os chefões. No mundo da música cristã contemporânea, a música que você cria é, na verdade, apenas um pequeno fator do seu sucesso. Sua disposição para entrar no jogo e se projetar como um modelo para a subcultura é realmente o maior componente para conseguir o Jesusbux*.

Apesar de suas melhores intenções, Katy estava longe de ser um modelo a ser seguido. Adam revelou: "Katy arrotava no palco e vestia blusas apertadas, mostrando seus seios bem modelados, portanto podemos dizer que ela já estava condenada desde o início no mercado cristão".

Tanto Adam quanto Katy participaram de uma turnê que os fizeram sentir-se deslocados, e eles cultivaram uma amizade muito forte por causa de seu isolamento. "Earthsuit estava na estrada com ela e algumas outras bandas e nós éramos os esquisitos naquela tur-

*Lucro derivado da música cristã.

nê, com a maioria das músicas adultas de *pop rock* contemporâneo preenchendo lacunas no restante do projeto", Adam recordou. "Eu fiquei muito entediado com o ritmo daquela turnê e o público geralmente era uma chatice, por isso passar o tempo com Katy foi realmente a única diversão da qual eu consigo me lembrar."

Ele continuou: "Ela se tornou uma espécie de irmã mais nova e se esforçava para fazer as pessoas rirem. Eu me lembro de uma vez quando todas as bandas estavam reunidas para cumprimentar os fãs que vinham pedir autógrafos e tirar fotos e eu sugeri que, em vez de assinar qualquer coisa, ela pegasse o marcador e escrevesse em seu próprio corpo. Sem hesitar, ela começou a gritar e a sorrir, cobrindo todo o rosto com um marcador preto. Estou certo de que ela assustou alguns jovens fãs da música cristã naquele dia — você sabe, aqueles que se masturbam assistindo aos seus vídeos enquanto oram para que ela retorne a Deus".

Os colegas cristãos estremeciam e sorriam quando ela cumprimentava os fãs com "Eu sou Katy" escrito em sua testa e com riscos de tinta preta em volta dos olhos. Completamente sem medo de suas imperfeições, ela havia chamado atenção para seu queixo ao desenhar uma estrela em volta dele e havia até mesmo pintado um dente de preto.

Suas outras desventuras incluíam aproximar-se de todos os policiais que ela via, flertando, fazendo reverências e pedindo para mexer em suas armas. Em outra ocasião, ela ficou tão empolgada enquanto contava uma história em um restaurante de Nashville, que acabou arremessando várias cadeiras.

Cheia de exuberância juvenil e empolgada por estar na estrada pela primeira vez, Katy se certificava de que nunca houvesse um momento de tédio. Ela estava decidida a tornar o mundo seu parque de diversões.

Suas travessuras foram desaprovadas por algumas pessoas. "Katy estava feliz por se fazer de boba para chamar a atenção", disse anonimamente um membro da equipe de sua turnê. "Era extremamente desconcertante, principalmente para alguns cristãos mais conservadores que estavam conosco. Ela dava entrevistas e começava a flertar com homens com quase o triplo da sua idade. Era uma jovem adolescente e os homens de quarenta anos tinham de se afastar dela, sentindo-se culpados."

Katy era confiante, paqueradora e assertiva e rapidamente encontrou a saída cristã para sua limitação musical. Tudo o que ela dizia parecia ser recebido com desaprovação. Matthew Turner, editor da revista *Christian Contemporary Music*, entrevistou Katy naquele período e relata: "Ela falava bastante sobre sua fé, mas geralmente falava sobre as coisas que a incomodavam: as regras, as limitações, o papel de ser uma garota".

Ele confirmou: "Eu não acho que a mídia cristã estava preparada para uma garota com dezesseis anos de idade que falava o que pensava e tinha personalidade. Naquela época, a maioria dos artistas jovens era quieta e tímida e Katy rompeu completamente esse padrão".

Foi igualmente difícil para as pessoas classificarem o estilo de Katy nos palcos. Um blogueiro do *Epinions* disse sobre sua curta sequência de três músicas: "Nós não tínhamos certeza se deveríamos esperar canções estilo *folk* ou canções estilo *pop*, uma vez que era apenas Katy e seu violão". Para sua surpresa, não foi nem uma coisa nem outra, mas um leve *rock* inteiramente original.

A análise continuou: "Foram três músicas memoráveis que mostraram perfeitamente suas habilidades como compositora em desenvolvimento e sua voz impressionante. Durante o *show*, continuamos cochichando sobre outras influências que detectamos em seu estilo vocal: Jewel, Sarah McLachlan, Christina Aguilera e, novamente, as comparações inevitáveis com Jennifer Knapp. Sua canção sentimental 'Search me' teria sido bem adequada a um disco de cantor de *folk* do Kansas, embora seu charme ao fazer brincadeiras com a plateia entre uma música e outra tenha revelado suas origens do vale de Los Angeles. Acho que essa garota vai chegar longe, porque quando toda a produção fica de lado e sobram apenas ela e seu violão, ela consegue agradar uma plateia que nunca ouviu falar dela antes".

Ironicamente, a turnê foi denominada *Strangely Normal* [estranhamente normal] — mesmo Katy sendo qualquer coisa menos isso.

Ela também havia sido convidada para fazer um *show* com Jennifer Knapp na Glasshouse, em Pamona, Califórnia, onde faria a apresentação inicial antes de Jennifer. Desde o início da noite, Katy se destacou de forma notável: subiu ao palco vestindo calças vermelhas brilhantes e curtas e tocou para uma plateia cristã devota e conservadora.

"Quando me viam, sabiam que era eu mesma lá em cima", Katy contou ao *The Inland Valley Daily Bulletin* sobre seu novo visual *sexy*. Mesmo assim, essa plateia ficou menos impressionada — e aconteceu um desastre pela segunda vez naquela noite quando Katy, nervosa, deu a Jennifer o violão errado, deixando-o cair no chão.

Jennifer gentilmente amenizou a vergonha de Katy, recordando: "Fazer parte de uma turnê é uma das coisas mais difíceis que um músico pode fazer e facilmente o cansaço surge, mas Katy estava sempre pronta para qualquer coisa e nunca reclamava. Ela sabia que qualquer outra pessoa da sua idade gostaria de estar em seu lugar. Depois daquele episódio com o violão, eu senti que ela estava muito envergonhada, por isso decidi dar-lhe o violão de presente, para que ela pudesse recordar aquela noite".

Ela acrescentou: "Não importa quão boa você seja — e como ela tinha talento para cantar! —, você não é invencível, portanto não leve as coisas muito a sério. Eu não deveria ter me preocupado, pois Katy nunca precisa de muita ajuda com isso".

Um amigo de escola concordou anonimamente: "Katy nunca foi obcecada consigo mesma ou preocupada com imperfeições. Ela era excêntrica, um pouco palhaça e não se importava. Aquela confiança era invejável. Era a antítese das garotas magras e cheias de cirurgias da Califórnia. Ela sabia que sua família a amava, que Deus a amava e que qualquer pessoa que não gostasse dela do jeito que ela era podia ir para o inferno".

Embora Katy parecesse segura de si mesma, ela também tinha seus terríveis momentos de dúvida e incerteza. Havia momentos em que ela se perguntava se uma carreira nos palcos era a coisa certa para uma garota cristã. "Eu pergunto a mim mesma: 'Você acha que o diabo vai deixar você girar como uma linda bailarina?'", ela confessou à *Christian Contemporary Music*. "Eu realmente aprecio pessoas que conseguem me impactar, que têm a coragem de dizer: 'Isso não é o que você deveria estar fazendo'."

Nesse caso, Katy tinha uma longa lista de pessoas que a desaprovavam. Mesmo assim, ela era honesta em relação a esses momentos e os retratou em músicas como 'Trust in Me'. Ao fazer isso, ela esperava poder ser a amiga que adolescentes como ela nunca haviam conhecido, expressando a confusão que compartilhavam com ela sobre essa fase de crescimento e proporcionando uma fonte de conforto.

Acima de tudo, ela queria que o disco refletisse quem ela era. "Eu comecei a compor músicas quando percebi que cantar letras de outras pessoas era mais uma expressão dos sentimentos delas que dos meus", ela contou à *Christian Music Central*. "Compor as músicas desse disco foi muito importante para mim. Eu senti como se tivesse recebido uma mensagem e que deveria expressá-la com minhas próprias palavras. Quero ser uma artista, não apenas alguém que coloca sua voz em um CD — e eu não queria ser descartada como apenas outra adolescente que cantava."

E acrescentou: "Meu maior objetivo é mostrar às pessoas que não estão sozinhas. Se elas se sentirem decepcionadas com pais, professores, parceiros ou amigos, existe um melhor amigo que nunca as decepcionará". Esse amigo era a música.

Ela teve a oportunidade de transmitir essa mensagem quando seu disco foi lançado. Seu agente publicitário estava ocupado enviando discos compactos com as músicas 'Search Me' e 'Last Call' e havia recebido muitas reações positivas. Em março de 2001, chegou o momento pelo qual Katy tanto havia esperado: seu disco finalmente foi posto à venda.

Russ Breimeier, jornalista do *Christianity Today*, um dos primeiros a analisá-lo, ficou entusiasmado: "O estilo de Katy Hudson é *pop/*

rock alternativo, muito parecido com música eletrônica combinada com o *folk rock* de Fiona Apple. Sua voz intensa, rouca e, às vezes, comovente lhe dá um tom exclusivo. Seu estilo de composição é tão intenso, que é difícil acreditar que ela tenha apenas dezesseis anos — e tinha apenas quinze quando compôs a maioria das músicas. A música principal, 'Trust in Me', apresenta sequências melancólicas com vários efeitos de música eletrônica e sólidas raízes de *rock*. Foi a primeira música que ela compôs e é tão boa quanto a maioria das que você ouve no rádio!".

Elogiando seus versos "sombrios e questionadores", e sugerindo que as músicas que Katy compusera sozinha eram melhores do que as compostas em parceria, ele acrescentou: "A combinação entre o *jazz* estilo *lounge* e a atmosfera de rock é pura, passando a mensagem de que estamos sendo moldados eternamente à imagem de Deus... A estreia de Katy Hudson poderia facilmente ter sido apenas o surgimento de mais uma adolescente compositora imitando tendências de sucesso da música com letras cristãs. Ao contrário, eu sinto um talento jovem extraordinário surgindo, uma compositora talentosa por mérito próprio que certamente irá longe neste ramo. Repetindo, seu nome é Katy Hudson. Acredite, você a ouvirá cada vez mais no próximo ano".

Katy ficou encantada com a crítica e disse no *Effect Radio*: "O *Christianity Today* me comparou a Fiona Apple e Sarah McLachlan. Eu pensei: 'Ainda que este seja o único disco que eu lance, eu me lembrarei disso!'".

Mesmo assim, ainda havia algumas pessoas que interpretavam Katy mal. *AllMusic* afirmou: "Perry tem uma dívida pesada com Alanis Morissette, cantando de forma estridente sempre que pode. Isso ajuda a dar às suas manifestações de fé um toque de angústia inapropriada". Sobre a música 'Growing Pains', o *site* comentou: "Até aqui dá para ouvir Perry lutando contra suas limitações. O verso 'Enquanto o homem lá de cima faz seu trabalho em mim' é bastante carregado sexualmente".

Aqueles que ouviram seu entusiasmo ao dizer que 'Where There's Nothing Left' era sobre uma história de amor com Deus podem ter feito a mesma leitura, mas para Katy a comparação foi profundamente humilhante. A crítica também acrescentou: "Essa não é a única parte em que há estranhas insinuações carnais — há uma influência de sadomasoquismo assustadora em 'Faith Won't Fail' — ela pode ser jogada em uma prisão, algemada às grades e ainda assim sua fé não falhará: isso é extraordinariamente perturbador".

Ainda mais desagradável para Katy, após as inúmeras críticas iniciais, foi o silêncio fatal. Então, ela recebeu uma má notícia: Red Hill Records iria desistir de alguns artistas devido a problemas financeiros. "Eles me disseram que algumas das artistas seriam cortadas", Katy recordou ao *Effect Radio*. "Eu tinha apenas dezessete anos e estava arrasada. Eu orei, mas nem tanto... Depois recebi um convite para cantar na igreja do Dr. Pamplin [pastor e dono de uma gravadora] porque alguém havia lhe dado meu disco e o lembrou de que eu já havia trabalhado para ele. Eu acho que isso pode ser considerado um milagre, mas digo que foi apenas Deus cuidando dos seus seguidores."

Parecia que a fé de Katy a havia salvado novamente. O Dr. Pamplin estava ansioso para ouvi-la cantar e ela pegou o primeiro voo para Oregon. "Era uma plateia bastante grande", ela continuou, "e eu me diverti muito... quando o Dr. Pamplin viu como as pessoas de minha idade haviam gostado, eu consegui continuar, apesar de meu estilo ser mais *pop* do que puro gospel."

Katy também acreditava que finalmente havia encontrado seu gênero. Depois de muitas experiências com músicas inspiradas em diversas cantoras, desde Fiona Apple até Ella Fitzgerald, ela decidiu que o "*folk* acústico" seria sua marca registrada.

Apesar da falta de jeito de Katy e do constrangimento proveniente do passo em falso ao derrubar o violão de Jennifer Knapp, ela estava rapidamente firmando seu nome como uma artista confiável. Matthew Turner contou: "Eu já sabia que Katy tinha uma voz maravilhosa e boas qualidades como compositora, mas foi apenas quando a vi cantando ao vivo que entendi verdadeiramente a profundidade de seu talento". Ele a assistiu fazendo a abertura do *show* de um artista cristão conhecido como Bebo Norman: "A força e o domínio de sua voz eram arrepiantes. Katy era entusiasmante, mesmo aos dezesseis anos. Ela era maravilhosa, muito além da sua idade, e cantava as músicas com emoção".

O *show* que encantou Matthew foi apenas um de uma série de *shows* em setembro e outubro de 2001, quando Katy auxiliou Bebo em apresentações em igrejas por todo o país. Apesar de sua voz impressionante, o semblante de Katy naqueles dias não estava nada bom, pois expressava sua confusão e crise de identidade permanente: ela era uma mulher de Deus ou ousaria deixar para trás o estereótipo de mulher recatada? Embora ela sonhasse com garotas glamorosas e *pin-ups* e quisesse parecer com uma delas, e tivesse comprado vestidos da grife de Betsey Johnson desde que tinha doze anos de idade, em seus *shows* cristãos ela se sentia escondida atrás das roupas masculinas casuais — roupas que ela considerava uma aposta segura.

Katy vestia jeans largos, tênis ou sandálias de dedo e bandanas. Outro espectador dos *shows* a descreveu como "um pouco desleixada". Ela destacava pouco sua produção, nada além de um toque de sombra azul reluzente e espalhafatosa — sua marca registrada naquela época. No entanto, segundo o *blog Hail of a Day*, o que lhe faltava em presença de palco e apresentação ela compensava com "uma voz que poderia derrubar uma parede de tijolos: poderosa e muito controlada".

Ela pode ter parecido desinteressante no início, mas sua voz diferente e até mesmo seu violão barato de madeira acabaram sendo suas armas secretas. Katy não deveria ser subestimada.

Até seu estúdio de gravação estava se tornando popular na mídia. Russ Breimeier, da *Christian Music Today*, insistiu: "Aquele disco estava na nossa lista dos melhores do ano. Katy tinha um estilo criativo pouco convencional para a música cristã e eu acreditava que ela tinha potencial para ser ainda melhor". No entanto, apesar de aqueles que a conheciam terem gostado de seu disco, ele ainda não havia alcançado a maioria dos ouvintes cristãos. O orçamento de *marketing* da gravadora era pequeno e, segundo o jornalista DeWayne Hamby: "eu escutei o disco, mas acho que ele nunca teve sucesso entre os ouvintes típicos de música gospel".

A batalha de Katy não havia acabado e seu crescimento como artista foi retardado dramaticamente quando a Red Hill Records entrou em falência. Após meses de luta, a empresa faliu. O sonho de Katy havia acabado. E ainda pior: seu disco de estreia havia vendido menos de duzentas cópias.

CAPÍTULO 3

A RAINHA FATAL EM TREINAMENTO

Katy ficou inconsolável. Com apenas dezessete anos, como sua carreira podia ter acabado?

A maior decepção que ela enfrentou foi ver sua gravadora falir e desaparecer. Talvez isso fosse inevitável. Segundo o jornalista de música cristã Matthew Turner, a gravadora havia sido afetada pela falta de experiência e pela má relação com o dinheiro. "A Red Hill era vista como uma enteada entre as gravadoras de música cristã", ele declarou. "No início, a gravadora tinha dinheiro, mas eles não souberam investi-lo e acabaram gastando muito. Ela não durou por muito tempo."

A Red Hill também era de certa forma isolada de suas concorrentes. Naquela época, a maioria das gravadoras cristãs fazia parceria com uma gravadora importante. Por exemplo, a Chordant se associou à EMI, a Provident à Sony e a Ward à Warner. O apoio de uma grande gravadora ajuda a garantir a distribuição às lojas, transformando-as de pequenas empresas recém-criadas e pouco conhecidas em nomes fáceis de contatar. Mesmo assim, a Red Hill preferiu se manter distante das grandes gravadoras e buscou independência, associando-se com exclusividade a músicas que contivessem uma mensagem cristã. Quer a decisão tenha sido motivada por crenças morais ou simplesmente por um desejo de permanecer sozinha, o tiro saiu pela culatra.

"A gravadora tinha capital, mas não tínhamos uma distribuição adequada", Philip von Wrede contou. "Naquela época, a maioria das grandes distribuidoras cristãs forneciam tanto para o mercado cristão, quanto para o mercado em geral. Éramos uma empresa recém-estabelecida e queríamos criar nossa própria distribuição, servindo apenas ao mercado cristão. Como a maioria dos artistas cristãos direcionados ao *pop* estava sendo impulsionada pelas três maiores distribuidoras, sempre teríamos menos prioridade enquanto continuássemos no varejo. Na minha opinião, a Pamplin Records [matriz da Red Hill], que foi aberta com 20 milhões de dólares e suporte financeiro contínuo, teria tido muito mais sucesso se tivesse permanecido com a Chordant/EMI, com quem estava inicialmente. O primeiro obstáculo de Katy seria conseguir que lojas de varejo cristãs aceitassem vender seu álbum e alcançar destaque no varejo."

Mas isso estava longe de ser sua única preocupação. "Seu segundo obstáculo era o fato de que suas músicas não soavam como quem ela era", lamentou von Wrede. Segundo ele, os ouvintes cristãos desejavam músicas gospel clássicas e o *rock* alternativo de Katy os confundia. Suas músicas podiam até ter uma mensagem cristã, mas elas com certeza não se encaixavam no estilo cristão convencional.

O jornalista Dewayne Hamby estava esperando uma voz angelical de uma garota cristã típica sair das caixas de som quando o CD de Katy chegou à sua porta, mas ele não poderia ter ficado mais surpreso. "Quando seu primeiro álbum chegou, eu tinha em mente um estilo leve de música *pop* de uma garota de dezesseis anos, como era comum naquela época", ele contou. "No entanto, o álbum de Katy tinha elementos de *rock* e sua voz era rica e profunda. Em minha entrevista com ela, eu disse que seu álbum me pegou de surpresa."

Katy já estava sobressaindo como uma artista incomum. Porém, não era apenas uma questão de gosto – alguns cristãos linha-dura equiparavam as batidas de *rock* ao próprio diabo. "As pessoas estão escutando um ritmo de que gostam quando escutam *rock*", um blogueiro reclamou anonimamente. "Isso é tão distante de Deus que desvia a atenção da verdadeira mensagem."

No entanto, Jay Swartzendruber, antigo editor da *Christian Music Today* e que também já havia entrevistado Katy, discordou. Ele disse ao *Christian Post*: "O maior presente para a minha fé tem sido a música, e no estilo de *rock*, para ser franco. Os artistas estão usando o *rock* para apresentar uma visão de mundo cristã". Acrescentou: "Acho que entramos em um território bastante perigoso quando damos crédito ao demônio pela criação de algo. O demônio corrompe e distorce. Ele não cria. Deus é o criador da música. Dizer que um estilo de música é demoníaco baseando-se apenas em seu ritmo... é como chamar o demônio de criador. Acho que é um terreno muito arriscado sobre o qual caminhar".

Outro problema era que, aos olhos do público, Katy poderia ter pouca autenticidade. Além de seu estilo ser o *rock* e algumas de suas músicas serem controversas, ela admitiu de imediato que entrou no mundo da música porque chamava a atenção das pessoas – e cantar parecia ser a maneira mais eficaz de fazer isso. Ela confessou que sua mãe a havia obrigado a cantar na igreja durante sua infância, quando ela preferiria estar em outro lugar.

Mesmo agora que a relutância havia enfraquecido e a música se tornado o foco principal de sua vida por escolha própria, Katy parecia longe de estar convencida do assunto. Na verdade, no exato momento em que ela assinou o contrato de gravação, já tinha começado a se afastar de Deus. "Quando assinei o contrato, para dizer a verdade, eu estava começando a me afastar um pouco do cristianismo porque havia muita ênfase em como as pessoas estavam agindo errado", contou Katy à *Christian Contemporary Music*. "Acho que muitas pessoas passam por um período como esse em sua vida. Os romanos diziam que a coisa mais importante era a fé. Se todos tiverem de seguir a lei 100% para serem salvos, ninguém seria. E eu estava me questionando sobre isso quando o dono da gravadora me disse que queria que eu cantasse em sua igreja!"

Nesse momento de incerteza, Katy foi solicitada a compor um álbum cheio de músicas que declarassem seu amor a Deus. Será que, por ela estar questionando o significado e a relevância da religião até então, suas músicas foram vistas como indiferentes? Afinal, como ela poderia alcançar o público-alvo se não compartilhava mais seu sistema de crença, se não fazia mais parte dele?

Katy se contradisse ao afirmar à imprensa, naquele momento, que sua fé havia se tornado particular e que não era mais uma questão de seguir a tradição familiar. No entanto, como uma adolescente insegura, estaria ela simplesmente buscando conquistar aprovação? Seja qual for a verdade, seus espectadores já estavam começando a duvidar de que ela fosse uma cristã autêntica.

Além disso, a personalidade peculiar de Katy não se encaixava na natureza do típico artista temente a Deus. Sua agente publicitária na época, Mandy Collinger-Parsons, revelou: "Katy era muito inexperiente e tinha uma personalidade forte, sem ideias preconcebidas do que ela deveria dizer ou de como deveria agir. Ela era transparente, o que a prejudicou algumas vezes, e nós tivemos mesmo de trabalhar para suavizar um pouco seu modo de falar e seu comportamento".

Apesar das aulas de etiqueta e de relações públicas, quando Katy chegou à sala de entrevista, foi como se nada daquilo tivesse acontecido. Em pouco tempo, sua reputação de quem fala demais começou a transparecer.

"Ela nunca foi uma puxa-saco", Mandy continuou. "Ela não dava uma resposta ensaiada; apenas dizia o que vinha à sua mente. Ela não tinha um filtro, nem sempre era eloquente e acredito que isso afastou vários meios de comunicação que eram usados para entrevistas mais tradicionais. As pessoas que a recebiam eram muito poucas."

O jornalista Matthew Turner concordou e relatou: "Embora a maioria de suas respostas oficiais parecessem programadas pelas pessoas que estavam tentando moldar sua carreira, eu sabia que Katy não se importava em quebrar as regras e falar o que realmente pensava. Ela era independente e confiante. Um cristão mais conservador poderia descrever sua conduta como rebelde".

Katy também estava disposta a ser desobediente e autêntica. "Houve um momento em minha entrevista em que usei a palavra 'porcaria' para descrever uma situação", Matthew continuou. "Ela se levantou de imediato e fez um gesto de aprovação. Aquilo quase pareceu fazer com que ela confiasse um pouco mais em mim. Eu sabia que ela não se encaixava perfeitamente no perfil da música cristã e que estava procurando algo mais."

O púbico cristão com certeza tinha restrições em relação a Katy. Tradicionalmente, era difícil para artistas do sexo feminino terem sucesso no gênero – ainda mais para aquelas artistas agressivas e sinceras que não conseguiam (ou não queriam) se conformar com a imagem desejada de inocência tímida. "Naquela época, era difícil para as artistas do sexo feminino se firmarem na indústria musical", Matthew explicou. "Ainda era um universo dominado pelos homens, principalmente na rádio cristã. E como ela era uma garota do *rock*, seu estilo não se encaixava no gênero de música cantado por mulheres que os DJs da rádio cristã estavam tocando na época."

As pessoas esperavam que as artistas gospel cristãs fossem discretas, bem-comportadas e que fossem uma imagem de feminilidade, mas Katy também lutava contra essa imagem. "Ela era uma moleca e falava grosso", Matthew recordou. "Também falava bastante sobre garotos. Katy era peculiar e não tinha medo de seguir seu próprio trajeto." Além do mais, já havia rumores de que o estilo de Katy era mais adequado para as tendências, embora o gospel fosse o caminho que seus pais queriam que ela seguisse.

Russell Breimeier contou: "Sua estreia foi diferente das outras artistas cristãs. Ela parecia mais atual e acessível, um lançamento cristão que poderia ser mais expressivo e relevante para as tendências". Katy não estava exatamente desconectada do gênero, ela estava mais fora de sintonia.

Embora Katy pudesse ter sido mais adequada para um gênero diferente, parecia que, por toda sua ousadia, faltava-lhe confiança para perceber isso. Ela se esforçava para se apresentar em frente às câmeras e, segundo Russ, "não cativava a imprensa ou o varejo".

"Acho que alguns artistas falam e agem de forma a impressionar quando se trata da música cristã", ele declarou. "Eles dizem as coisas certas que o rádio e o varejo esperam ouvir e agem de acordo com a situação — há uma tendência a produzir artistas genéricos na indústria da música gospel. Eu aprecio um pouco de excentricidade e individualidade quando se trata de artistas, coisas que ajudam a diferenciar uma pessoa e a torná-la agradável. Katy tinha essas qualidades, mas foi longe demais."

Philip von Wrede culpou a inexperiência por sua imagem pública controversa, insistindo: "Acho que ela era uma adolescente que evitava situações difíceis e não se sentia à vontade ao ser filmada".

De fato, apesar de parecer segura em algumas áreas de sua vida, Katy ainda estava se desenvolvendo como pessoa e — longe da mulher glamorosa que viria a se tornar em breve — ela era tímida e reservada. Qualquer que fosse sua mensagem, ela havia ficado conhecida pelo público num momento em que não se sentia confortável o suficiente para expressar sua verdadeira mensagem — ou, talvez, até para ser honesta consigo mesma em relação ao que aquela mensagem poderia ser.

DeWayne Hamby esclareceu: "Ela estava à frente de seu tempo. Como era muito jovem quando iniciou a carreira, estava suscetível a ser enganada e precisava de orientação. Eu a conheci quando ela tinha dezesseis anos. Embora fosse bastante sábia para sua idade, ela sofreu uma grande decepção quando jovem".

Enquanto alguns dos entrevistadores a viam como uma adolescente desajeitada e despreparada, sem habilidades para abraçar a fama, outros tinham uma opinião diferente. Segundo Mark Moring, do *Christianity Today*, ela era uma "alma despreocupada que amava sua música e amava as pessoas. Era muito sociável e comunicativa — a palavra tímida não se aplicava nem um pouco a ela".

Nesse meio tempo, Russ Breumeier viu um lado dela que só veio a público vários anos mais tarde. "Basta dizer que eu ouvi que ela era boba e paqueradora e estava disposta a fazer qualquer coisa para chamar a atenção", ele disse.

Além de Katy ser um enigma cheio de contradições, ela era de uma cultura alternativa e não combinava com o gênero — e ela sabia disso. No entanto, talvez houvesse espaço para uma porta-voz dos adolescentes com problemas, aqueles que queriam abraçar o cristianismo, mas eram desafiados por ele. Ela pode ter oferecido uma oportunidade às pessoas que se identificavam com seu esforço por seu uma boa cristã, mas que entraram em conflito com essa ambição, embora dessem o máximo de si para seguir as regras. Katy já não tinha dúvidas de que possuía um lado sombrio. Ela disse à *Christian Contemporary Music* sobre suas apresentações: "As pessoas gostam de saber que debaixo de toda cobertura doce, há um interior queimado".

Talvez se sua gravadora tivesse sobrevivido, ela poderia ter se tornado um símbolo, mas, ao contrário, Katy estava enfrentando o fato de que agora sua carreira gospel era nada mais do que um sonho arruinado. "Naquela época, eu estava muito animada", contou ao *The New York Times*. "Eu queria ser Amy Grant [cantora gospel]". Amy foi uma das primeiras artistas a alcançar o sucesso internacionalmente, ganhando um *Grammy* por melhor *performance* gospel contemporânea em 1985. No mesmo ano, seu álbum foi o primeiro CD gospel de artista solo a ganhar o disco de ouro no *ranking* de vendas. Depois disso, ela decidiu passar para o mundo do *pop*, fazendo com que seus fãs especulassem se uma jaqueta bastante ousada com estampa de oncinha era uma maneira indecente de se vestir para a capa de um álbum.

Porém, as duas tinham mais em comum do que apenas o gosto por estampas de oncinha. Assim como Katy, Amy havia assinado um contrato de gravação em sua adolescência. Katy a idolatrava e, quando não conseguiu alcançar o alto nível de sucesso que Amy atingiu em sua carreira cristã, decidiu copiar outra fase da carreira de Amy e também migrou para o *pop*.

A transição foi simples. Após sair da gravadora, Katy começou a gravar algumas *demos* com um novo produtor que a encorajou a repensar seu estilo. "Quando era mais jovem, eu não podia escutar muitas coisas que minha mãe considerava música profana, portanto não tive muitas referências", ela contou ao *Star Scoop*. "Quando o produtor com quem eu estava fazendo minhas *demos* disse: 'Muito bem, se você pudesse escolher, com quem gostaria de trabalhar?', eu pensei: 'Não tenho a menor ideia'."

Até aquele momento, a única experiência de Katy com música popular havia sido com fones de ouvido e se escondendo debaixo do cobertor para abafar o som. Ela até tapava a fresta debaixo da porta para ter certeza de que o som não escaparia. Sob o olhar vigilante de sua mãe, isso havia sido mais um segredo cheio de culpa do que um prazer. Além disso, no que diz respeito à parada de sucessos, ela era completamente novata.

Envergonhada, Katy voltou ao quarto do hotel naquela noite e mudou para um canal de músicas proibido: VH1. "Eu liguei a TV no VH1 e vi Glen Ballard falando sobre Alanis Morissette", ela recordou. "Eu pensei: 'Quer saber? Eu quero trabalhar com ele!'"

Para Katy, Alanis era como "um pôster no quarto de toda menina", portanto ela era o ídolo ideal para alguém que, no que diz respeito a uma adolescência normal, estava totalmente por fora. Ela queria ser tão relevante quanto Alanis, moderna e reconhecida por sua própria música. Poderia o trabalho com Glen romper a barreira da religião e transformá-la em uma pessoa legal e elegante?

Ele com certeza havia encontrado o sucesso de Alanis. Depois de trabalhar com ela no álbum *Jagged Little Pill*, que excedeu todas as expectativas, recebeu o disco de platina dezesseis vezes nos EUA e vendeu mais de 30 milhões de cópias. Outro ídolo de Katy, o grupo No Doubt, também alcançou a posição multiplatina sob as asas de Glen com seu álbum *Return to Saturn*. Suas outras glórias incluem a coprodução de três álbuns de Michael Jackson — *Thriller*, *Bad* e *Dangerous* — e, mais tarde, seus trabalhos com Christina Aguilera, Aerosmith e Shakira. Durante esse período, a lenda da indústria musical Quincy Jones mencionou Glen como "o produtor ideal".

Além das referências brilhantes, seu histórico fala por si só: Glen havia ganhado seis *Grammys* e vendido aproximadamente 150 milhões de discos. No papel, seu sucesso minimizava o da maioria dos artistas para os quais ele havia composto músicas.

Embora trabalhar com Glen não fosse garantia de sucesso, Katy sentiu que essa era sua melhor chance. Ela contou ao seu produtor, que fez de tudo para marcar uma reunião com ele. Seu coração estava disparado no dia da audição.

Sua confiança foi abalada pelo fracasso de seu primeiro álbum, por isso ela não estava otimista quanto a esse retorno. Katy estava tão convencida de que seu esforço não teria sucesso, que até pediu ao pai, que a havia levado até lá, para deixar o motor do carro ligado.

"Eu disse: 'Pai, fique no carro'", contou ao *Star Scoop*. "'Eu só vou entrar, cantar uma música para esse homem e sair'. Acho que fui bem, porque recebi um retorno no dia seguinte."

Katy era exatamente o que Glen estava procurando. "Grandes vozes são como grandes pinturas para mim", ele explicou. "São muito raras e devem ser valorizadas porque, entre 10 milhões de pessoas, Deus escolhe uma e diz: 'Você terá uma bela voz'. E então, mais 10 milhões de pessoas passam. Por isso, eu dediquei minha vida a encontrar vozes para minhas músicas."

Ele estava esperando alguém que combinasse com seu trabalho, uma Cinderela que se encaixasse perfeitamente no sapatinho de cristal — e como uma jovem estrela com formação pobre, porém forte e determinada, Katy se encaixou no perfil. Sentindo que havia algo especial nela que não poderia ser encontrado facilmente em outras artistas, ele depositou nela toda sua fé e a convidou para morar em Los Angeles. As palavras que convenceram Katy? "Eu quero ajudar a tornar todos os seus sonhos realidade."

Não houve promessa de contrato, mas era uma oportunidade de ouro para fazer conexões e voltar à indústria musical — e Katy abraçou a possibilidade. Seus pais estavam igualmente empolgados e permitiram que ela fosse, mas com uma condição: que terminasse o Ensino Médio primeiro. Agitada e empenhada na missão de recuperar sua carreira musical, Katy terminou seu GED — o equivalente norte-americano ao certificado de conclusão do Ensino Médio — em tempo recorde. Ela se formou cedo, no primeiro trimestre do seu primeiro ano. E deixou Santa Barbara com estilo, dizendo à MTV: "Eu fui a um encontro de ex-alunos com um veterano e aquilo me fez sentir muito bem, porque, quando você vai com um veterano a um encontro desses, à formatura ou a qualquer outra coisa, é demais!"

Após terminar o curso, Katy voltou sua atenção para sua educação musical, ouvindo as músicas de Glen repetidas vezes. Um amigo relatou anonimamente: "Acho que aquilo foi como pisar em Marte para Katy, era um mundo completamente novo para ela. Você acredita que, diferentemente de quase todos os outros estudantes do Ensino Médio, ela nunca tinha ouvido falar de Michael Jackson?"

Ela pode ter sido alvo de piadas de seus colegas, mas tudo aquilo estava prestes a mudar. Munida com seus álbuns de música *pop* favoritos e um carro novinho em folha, Katy deixou sua cidade natal para lutar por uma nova vida em Los Angeles. Era um período de testes — terminaria ela na "estrada dos sonhos destruídos" ou entraria nas listas de estrelas mais glamorosas da cidade? Só o tempo diria.

Ao chegar à cidade grande, sua perspectiva de vida começou a mudar no mesmo instante. "As coisas que eu pensava quando tinha quinze ou dezesseis anos não faziam sentido [mais tarde] porque minha mentalidade havia mudado. Eu tinha mais experiência", ela contou ao *The Scotsman*. "Eu tinha aproveitado mais a vida e conhecido diferentes tipos de pessoas. Quando iniciei com minha música gospel, minha perspectiva naquela época era um pouco fechada e muito rígida e tudo o que eu tinha na vida se relacionava à igreja. Eu não sabia que existia outro mundo além daquele. Quando saí de casa e vi tudo aquilo, pensei: 'Meu Deus, eu caí no buraco do coelho e aqui é como *Alice no País das Maravilhas*!'"

O país das maravilhas de Katy incluía seu namorado, Matt Thiessen, que ela conheceu no circuito da turnê cristã. Ele também era de uma cultura alternativa, sua banda, Relient K, era descrita pela crítica como uma banda de *rock* profana. Ambos pretendiam viver de acordo com as leis de Deus, mas quando ficaram livres para explorar as luzes brilhantes de Los Angeles, um desastre aconteceu: Katy perdeu sua virgindade.

Após prometer que esperaria até o casamento, ela cedeu à tentação naquela noite. "Meu namorado e eu fomos um pouco longe demais e eu senti que estava muito distante de Deus", Katy lamentou à *Seventeen*. "Eu duvidei de mim mesma e da minha força. Eu estava fraca em meu relacionamento com Cristo naquela época."

Aqueles que escutaram bastante seu primeiro álbum devem ter se perguntado se ela se sentia culpada por causa do sexo antes do casamento ou simplesmente pela infidelidade ao seu relacionamento romântico imaginário com Deus.

Naquela noite, Katy quebrou duas grandes regras: ela não só estava tendo relações sexuais, como foi ao som de uma trilha sonora não religiosa — "Grace", de Jeff Buckley. Provocadora, ela recordou que o álbum havia sido "melhor do que o sexo".

No entanto, a culpa que ela sentia por causa de sua primeira relação sexual passou logo. Ela riu quando a revista *Stepping Out* mais tarde viu um anel revelador em seu dedo, anunciando: "Eles acham que um anel de pureza garante que não há sexo! Não, o anel de pureza é apenas uma promessa de que ele me dará outro anel. Um anel melhor! Eu digo isso com muito sarcasmo. Sério, esse não é um daqueles anéis de promessa de que não haverá sexo. Aquele tipo foi jogado pela janela quando eu tinha dezessete anos".

Após perder sua virgindade, Katy começou a questionar algumas das outras regras que ela sempre seguiu em sua vida. "Relaxar foi um processo", contou ao *Christianity Today*. "Conhecer pessoas *gays* ou judias e perceber que elas eram normais foi grande parte disso. Assim que eu parei de ser escoltada e percebi que podia tomar minhas próprias decisões, eu pensei: 'Nossa, existem várias possibilidades'. Comecei a me tornar uma esponja para tudo aquilo que eu havia perdido... Eu era tão curiosa quanto um gato."

Isso gerou algumas complicações para Katy e deixou suas crenças em conflito direto com os ensinamentos da Bíblia e com as regras que seus pais sempre enfatizavam em casa. Ela não podia levar amigos para jantar, a menos que fossem cristãos. Além disso, a homossexualidade era considerada um pecado. "Eu venho de um lar muito rígido e repressor em que ser *gay* era errado", ela explicou.

Algumas pessoas podem dizer que as crenças de Katy não eram pessoais, mas sim herdadas, e alguns escândalos que surgiram poderiam levantar um ponto de interrogação sobre essas crenças para sempre.

Ted Haggard, um pregador evangélico que apareceu no filme *O Acampamento de Jesus* e que sempre teve uma postura aparentemente homofóbica, surpreendeu ao se declarar homossexual. Ele teve de renunciar ao púlpito de imediato após ter sido considerado "culpado de imoralidade sexual". O escândalo estimulou a discussão sobre a hipocrisia e os padrões duplos, mas também levantou uma questão: a homossexualidade era realmente tão errada?

Mais tarde, o Hopline, serviço telefônico cristão sobre o qual Katy havia composto a música "Last Call", envolveu-se em um escândalo igualmente terrível. Um adolescente havia telefonado fingindo estar incerto a respeito de sua sexualidade e lhe disseram que, se ele aceitasse Deus, poderia ser "curado". O conselheiro também comparou a homossexualidade com o vício em drogas, o alcoolismo e a pornografia. Depois, o adolescente insatisfeito escreveu em seu *blog*: "Desprezível. Dá para imaginar a quantidade de *gays* ou crianças inseguras que, devido a esse conselho, se machucaram ou se mataram?"

O país ficou indignado — e Katy, desconfortável, foi obrigada a questionar as regras de sua fé. Nessa época, ela começou a trabalhar com um *rapper* — que também tinha um passado religioso rígido — que estava disposto a clarear sua mente. O nome do *rapper* era Mickey Avalon.

Juntos, os dois compuseram uma música, "High and the Lows", que expressava ideias que Katy nunca poderia ter ousado exprimir aos seus pais. Além de expor o que Mickey considerava ser uma grande hipocrisia no ambiente da igreja, ela criou personagens fictícios que cometiam pecados apesar de continuarem pregando a palavra de Deus.

Os versos controversos incluíam alegações de incesto, como "O pregador McGrath estava sempre disposto a perguntar por que sua mãe esfregava as mãos debaixo das calças dele nas missas". Outra personagem, chamada Stephanie, era uma viciada em metanfetamina que estava tentando desesperadamente se defender dos abusos de seu pai. Mickey cantava o *rap*: "Seu pai era um pregador, por isso ela conhecia o bom livro e, quando ele a colocava na cama, ele acariciava suas partes íntimas... Talvez ela estivesse em condições melhores se seu pai aprendesse a guardar suas mãos para si mesmo".

Para aumentar a polêmica, a música foi baseada em ligações imaginárias ao serviço telefônico de ajuda cristão — assim como a música mais inocente que Katy havia escrito algum tempo antes. No último verso da música, o jovem perturbado que fez a ligação havia crescido e se tornado um conselheiro, quebrando o ciclo. A música era tão polêmica, que só foi tocada uma vez, no programa de rádio *Loveline*, onde pessoas jovens eram encorajadas a ligar e confessar seus segredos mais sombrios.

O próprio Mickey parecia ter sido um bom candidato para as ligações aflitas em um desses programas, já que sua infância foi um caso clássico de turbulência.

Embora tenha começado a vida como um judeu estritamente religioso, ele experimentou um estilo de vida colorido. Cresceu com um pai viciado em cocaína e uma mãe traficante de drogas, ofício que mais tarde assumiu para si. Seu passado tenebroso incluía dependência de drogas, depressão e dificuldades financeiras — e os críticos sugeriam que alguns dos assuntos abordados em suas músicas eram autobiográficos. Embora ninguém se surpreendesse com essa sátira, o maior escândalo foi a participação de Katy, que era temente a Deus.

Para ela, a música ofereceu a oportunidade de apontar um espelho para os males da sociedade, parodiando-os no processo, mas sua família não foi muito receptiva.

"Até hoje eu ainda sou a ovelha negra da família", Katy disse mais tarde ao *The Scotsman*. "Eles estão acostumados com meu senso de humor negro e minha espessa camada de sarcasmo, que surge em tudo o que eu digo. Mesmo eu tendo tido uma educação cristã rígida, eles sempre souberam isso sobre mim — e eu tenho certeza de que isso amadureceu quando eu deixei o ninho."

Embora a música possa ter satisfeito seu senso de humor negro, os fãs de seus trabalhos anteriores acharam de mau gosto. Uma coisa era certa: as letras irônicas e amargamente sarcásticas já estavam mais longe de seu passado gospel do que qualquer pessoa poderia ter imaginado.

As sessões de gravação de Katy com Glen Ballard também capturaram o abismo entre seu passado e seu presente. Em "Rock God", ela se desculpa por permitir à música substituir Cristo como sua nova religião. Ela expressa a sua tristeza por deixar os anjos chorando por sua morte, mas protesta que seu amor por um bom ritmo não está prejudicando ninguém. "Pai, eu estou despedaçada, vendendo minha alma para o ritmo, a batida e o baixo, porque eu não posso confessar meus hábitos de *rock'n'roll*", ela canta.

A música começou a tomar forma quando Katy estava trabalhando com um velho amigo e compositor chamado Printz Board. Os dois se deram muito bem quando Printz cantou inconscientemente o verso de uma música que descrevia com exatidão a infância de Katy. Essa música era "Son of a Preacher Man" — cantada originalmente por Dusty Springfield e gravada em 1969 em seu memorável álbum *Dusty in Memphis*.

Ela explicava, de forma semelhante a "Rock God", que ser bom "nem sempre era fácil", uma vez que o escritor era apaixonado por música. Na verdade, ela se tornou sua vocação tanto quanto Deus havia sido. Katy gritou: "Espere, eu gosto disso — soa como a minha história!" ao ouvir a rendição de Printz. Inspirados, os dois começaram a gravar no mesmo instante.

"Eu entrei na cabine e disse: 'Comece a gravar'", Printz contou. "Eu fiz uma introdução vocal louca que era mais ou menos assim: 'Ei, ei, ei, aqui é Katy Perry e Printz Board — COMO É QUE É???!'. Saí da cabine morrendo de rir e ela disse 'Mantenha isso! Eu adorei!'. Aquele deve ter sido o momento em que eu me apaixonei por ela — ela é maravilhosa e estou contente por ser seu amigo."

Katy achou mais fácil trabalhar com alguém que ela já conhecia — ela conheceu Printz no ano anterior através de um amigo em comum, James Valentine, guitarrista do Maroon 5. O sentimento era mútuo e Printz descreveu Katy como uma "bola de energia no estúdio".

As composições continuaram com outros convidados também, trazendo referências à cultura das drogas que ela testemunharia em Los Angeles e da qual seus futuros namorados se tornariam vítimas. Em "Speed Dialing", Deus parecia ter sido quase totalmente esquecido, uma vez que ela falava sobre o uso de novocaína para anestesiar a dor de seu coração. O enredo conta a história de uma mulher abandonada que bebe e telefona, depois de uma noite na rua, porque está com saudade de seu ex-amante.

Nesse meio tempo, a música "In Between" fala sobre um homem que a vê apenas como um romance passageiro. O ultimato e sua honestidade corajosa revelam traços de Fiona Apple ou Alanis Morissette, mas, de forma mais intrigante, a música parece retratar uma probabilidade cada vez maior de Katy se afastar de sua religião.

"The Box", composta em parceria com Matt Thiesen, ilustra perfeitamente sua transição. "Eu comecei a viver de verdade, ultrapassando os limites que eu sempre costumava respeitar", ela canta, "porque eu não serei alguém que não sou".

Essa tendência de quebrar barreiras fazia parte da natureza de Katy desde a infância. "Se houvesse uma linha que eu não deveria ultrapassar, eu queria saltar sobre ela", ela contou ao *Artist Direct*. "Não há um botão de edição no teclado da minha vida."

No entanto, agora que Katy havia deixado sua cidade natal para trás, ela começou a levar suas indiscrições um passo adiante. "Então eu entendi", ela canta. "Você não me permite ser eu mesma, agir naturalmente, mas eu decidi que não dá para viver assim... É, eu decidi que vou fugir de sua prisão." Será essa música uma ode à sua educação?

Se é assim, a música "It's Okay to Believe" reflete certa incerteza sobre sua decisão de se libertar, questionando por que ela hesita eternamente antes de "sair do seu casulo".

Em "Diamonds", ela se compara a uma pedra que afunda no oceano, preocupando-se com a pressão que sofria em busca da fama. No entanto, sua ambição é transformar-se, a partir desse diamante bruto e sujo, em uma joia brilhante — se ela conseguir, ela conclui, todo seu trabalho terá valido a pena.

No entanto, assim como a maioria das jornadas para o sucesso, a história também tem um lado negro. "Wish You the Worst" é uma dose do estilo sincero de Ashley Simpson, contando a história de uma ex-namorada decidida a se vingar. A letra zomba: "Deixe-me ser a maldição que existe sob sua pele, até seu coração desmoronar e você querer que ela fosse eu novamente".

Katy aliviava o clima durante o período de ensaio dedicando suas palavras a um gato que havia dormido em sua cama enquanto sofria de uma dor estomacal e tinha deixado um presente indesejado em seu travesseiro para quando ela acordasse.

Em contraste direto com algumas das músicas antigas mais liberais de Katy, "I Do Not Hook Up" é uma proclamação de castidade alta e orgulhosa. Aqui, ela avisa ao namorado que quer ir com calma.

Outra música, "It Takes One To Know One", repreende um ex por sua infidelidade. Ela parece copiar a frase "Você pensou que eu iria chorar, você pensou que eu iria me deitar e morrer" da rainha da música *disco* Gloria Gaynor, mas o astral é um pouco mais sombrio.

Seu trabalho com Glen também capturou alguns momentos de ternura. Como se estivesse exausta por conta de toda a angústia, Katy se entregou ao amor em "The Better Half Of Me". Ela seleciona um parceiro de quem já havia "se aproveitado" e usado para subir a escada que acabaria com sua aflição, insistindo que já estava farta daquele jogo e que, sem ele, a vida "não tem nenhum valor".

Katy, golpeada pelo amor, aprende a confiar novamente com a música "Longshot", de tema semelhante, cujo vídeo mostra seu olhar romântico nos olhos de Matt Thiessen e se compromete a dar uma chance para o amor. Mas a canção também tratava de acumular fé suficiente para ousar acreditar que ela poderia fazer isso na música, apesar das adversidades.

O lado boa moça de Katy ainda se revelava de vez em quando. Seu consolo em momentos de desespero não vem de uma cerveja gelada ou uma carreira de cocaína, como ocorre com a maioria de seus parceiros musicais, mas sim de uma saudável xícara de café. Na música "Cup of Coffee", ela deixa claro que essa é a única coisa com a qual ela pode sofrer uma *overdose*. Talvez ela tenha seguido seriamente o conselho de seus pais para não se transformar em uma Amy Winehouse.

Outras canções que Katy e Glen compuseram juntos incluem "Weigh me down", "Oh Love Let me Sleep", "LA Don't Take It Away" e — uma das favoritas de Katy — "Sherlock Holmes". No entanto, a música "Simple" é a mais reveladora dos dezessete anos de vida de Katy. A música tem as referências modernas que ela desejava, citando *jeans* e bolsas Louis Vuitton como tendências do estilo de vida moderno cuja chave ela havia acabado de encontrar.

A música é uma história franca sobre a vida de Katy e fala a respeito de uma garota tão insegura que precisa dormir com as luzes acesas, assim como ela havia descrito em "My Own Monster". Ela fala de alguém cujo estilo de vida conduz à ruína financeira. Para Katy, era uma vontade de ter sucesso em sua carreira musical e nos grandes riscos que sucediam, enquanto que para sua personagem era uma obsessão com roupas de marca. O verso "Você estaciona em uma zona de carregamento" era uma referência aos obstáculos que ela própria atraiu e que atrapalhavam seu caminho para o sucesso.

Na verdade, ainda viriam muitos obstáculos pela frente. Apesar de compor várias músicas com um dos produtores mais bem-sucedidos do país, nem isso poderia garantir o sucesso de Katy. Island Def Jam assinou por um breve período com ela em 2003, mas lutou para encontrar uma maneira de comercializar a aspirante a estrela.

"Promover Katy foi definitivamente um problema", revelou anonimamente um funcionário. "Algumas pessoas sentiam que ela tinha um pé no lado gospel, o qual nós conhecíamos muito pouco, e um pé no lado *pop* e *rock*. Eu sei que soa mal dizer que um artista precisa ser fabricado por pessoas habilidosas para atingir o sucesso, mas eu duvido que Katy soubesse até mesmo quem ou o que ela era."

Embora houvesse uma vaga para uma artista *pop* enérgica, a gravadora começou a duvidar se Katy era a pessoa certa para isso. "Havia definitivamente um potencial, caso contrário, nunca teríamos insistido", o funcionário continuou, "mas primeiro ela tinha de melhorar um pouco sua imagem e seu som".

Apesar de dar seu melhor para isso, a gravadora cancelou sua estreia e sua jornada em direção ao sucesso parecia cada vez mais desanimadora.

Depois, ela assinou um contrato com a Columbia, em 2004, mas novamente encontrou pessoas que eram ainda mais obstinadas do que ela. Liberada das amarras de tentar ser uma boa garota em um ambiente gospel, Katy saiu de sua concha e sua própria visão criativa começou a surgir. Era o caso de encontrar a gravadora certa — que incentivasse sua participação por iniciativa própria —, porque Katy não queria ser fabricada. Entretanto, estava se tornando cada vez mais difícil para ela manter um contrato de gravação.

Pelo menos, sua experiência com a Columbia foi menos humilhante do que com a Island Def Jam. Esta disse a Katy, assim como a três outras garotas que haviam assinado contrato na mesma época: "Talvez uma de vocês grave no futuro. As outras três podem voltar à classe média para ter filhos".

Após a decisão de engavetar o álbum, chamados para seleções e testes se tornaram uma constante em sua vida. Ela se acostumou tanto a ouvir a palavra "não" que as rejeições quase não a intimidavam mais. "São aquelas linhas curvas na vida que nos tornam mais fortes", ela teria dito a um amigo.

No entanto, um anúncio que chamou a atenção de Katy acabou sendo um pouco diferente. A equipe The Matrix, com três compositores famosos, estava procurando um casal de cantores para serem os vocalistas de uma banda, e Katy, cada vez mais desesperada, era uma das primeiras da fila no dia do teste.

O grupo tinha reputação de selecionar artistas fracassados, que não tinham esperança alguma, e transformá-los em estrelas mundialmente famosas que venderiam milhares de cópias de discos. Para a vocalista Lauren Christy, tudo tinha começado com o desejo de ser famosa. Porém, após dois álbuns sem sucesso, ela foi abandonada por sua gravadora – e, assim como Katy, passou a ser rejeitada várias vezes em sua busca pelo sucesso. A última gota foi quando ela saiu de sua casa em Los Angeles e foi até Londres para encontrar um caçador de talentos. Ele decidiu não assinar um contrato com Lauren, mas — como última tentativa — perguntou ao empresário dela: "Será que eu posso utilizar uma música dela para a próxima canção de Natalie Imbruglia?"

Ferida pelo desprezo, Lauren decidiu naquele momento que a busca pela fama havia acabado para ela. Prometendo nunca mais tentar fechar um contrato, ela uniu forças com seu marido, Graham Edwards, cuja banda Dollshead também tinha acabado de ser dispensada pela gravadora. Juntamente com o tecladista dele, Scott Spock, os três bolaram um plano: parariam de correr atrás do sucesso cada vez mais fugaz que desejavam e passariam a fazer o que mais amavam nos bastidores. Pode ser que eles mesmos não tenham sido vendáveis, mas talvez pudessem planejar a carreira de outras pessoas. Usando seu nome como um eufemismo para um útero, The Matrix queria ser a força vital de onde todas as músicas surgiriam.

Juntos, os três ajudaram Christina Aguilera, Busted, David Bowie, Ricky Martin e Britney Spears a encontrar ou redescobrir o sucesso, ganhando diversos prêmios e dez indicações ao *Grammy*. A fama pode não ter vindo como os três imaginavam, mas agora eles são nomes conhecidos na indústria musical.

Em 2004, eles foram abordados pela Sony Records para desenvolver uma banda e consideraram sair das sombras para tomar a dianteira. Lauren aproveitou a oportunidade. "Eles queriam um álbum pela The Matrix, então nós o fizemos", ela contou ao *Songwriter Universe*. "O álbum apresentaria um jovem cantor e uma jovem cantora, assim como Fleetwood Mac. Nossa intenção era ficar nos bastidores, com os dois vocalistas à frente, mas, conforme as coisas se desenvolveram, a Sony disse que queria nos incluir."

Lauren acrescentou à revista *INK19*: "Gostamos de ficar nos bastidores e pensamos: 'Bem, durante cinco anos nós ficamos nos bastidores muito satisfeitos fazendo nosso trabalho e alguém está nos oferecendo uma oportunidade de entrar, literalmente, e sermos criativos, do nosso ponto de vista, em vez de ficar sempre tentando nos comunicar do ponto de vista de outro artista'. Era interessante para nós três dizermos: 'O que NÓS de fato queremos dizer?'. Acho que seria triste virar as costas para uma experiência como essa, por isso aceitamos."

As audições começaram. Adam Longlands, um jovem amador, conquistou o papel masculino da banda, e Katy foi escolhida como a representante feminina. A Columbia foi uma referência brilhante para ajudar nesse processo.

Katy ficou fascinada com The Matrix. Eles haviam passado de candidatos batalhadores que mal conseguiam ganhar a vida para se tornarem compositores de vanguarda mundialmente conhecidos em questão de anos — e isso encorajou Katy. "Nosso empresário sempre dizia: 'Vocês serão grandes'", Lauren recordou sobre sua ambição de ser uma *pop-star*. "Mas as coisas não aconteceram para nós. Houve momentos em que nós três tivemos até de dormir no chão."

Katy havia compartilhado a pobreza e a desesperança do grupo, mas The Matrix soube reverter seus problemas e Katy estava torcendo para que eles pudessem fazer o mesmo por ela.

O grupo agora tinha um excelente histórico, pois tirou Avril Lavigne do anonimato quando ela estava prestes a ser abandonada por sua gravadora, e a transformou em uma história de sucesso, vendendo 12 milhões de cópias do seu álbum de estreia.

O grupo também prometia ser a antítese da Columbia. Enquanto esta havia recusado entregar as rédeas para Katy, The Matrix queria trabalhar em condições de igualdade para descobrir seu estilo preferido. Scott Spock explicou à *INK19*: "Nós selecionamos as coisas que são realmente boas em um artista e focamos nisso, destilando-o em sua essência, sem jamais tirar o artista da música".

Katy estava confiante de que o grupo não tentaria moldá-la em uma marca genérica de chiclete *pop*. Em vez disso, seu foco era mais amplo e eles haviam tido sucesso com muitos gêneros, desde o *pop* açucarado de Britney Spears até o *hard rock* com um toque de metal com o grupo Korn. Eles marcaram pontos com Katy por terem produzido Liz Phair, que agradava por seu amor de mulher poderosa. Nesse meio tempo, os projetos solo de Lauren haviam sido aclamados por sua semelhança com Alanis Morissette. The Matrix sobressaiu até mesmo com o ritmo latino dançante de Shakira, e Katy estava confiante de que eles não só tinham um conhecimento amplo da música, como também poderiam ajudá-la a encontrar sua própria identidade como artista.

De forma impressionante, eles reinventaram Avril Lavigne, que lhes foi inicialmente apresentada como uma estrela relutante da música gospel. Ela tinha vindo de uma família religiosa e, assim como Katy, apresentou-se no palco pela primeira vez em uma igreja. Embora sua gravadora tenha tentado transformá-la em uma cantora *pop* estridente, Avril detestava as preferências de Faith Hill e desejava se tornar uma princesa *punk*.

The Matrix ouviu suas ideias e, em alguns dias, o grupo coproduziu os sucessos "Complicated", "Sk8r Boi" e "I'm With You". As jornadas de sucesso de The Matrix e das bandas com as quais havia trabalhado inspiraram Katy e ela estava ansiosa para trabalhar com eles – teria ela finalmente encontrado sua grande chance?

Como "gênios da produção", The Matrix modernizou a forma de Katy gravar uma música desde o início. Eles usavam tecnologia de ponta, enquanto Katy, por não ter muito dinheiro disponível, usava equipamentos bem menos sofisticados. "Eu tenho uma fita gravada no bagageiro do meu carro que eu levo para todos os lugares", ela confessou à *INK19*, arrancando gargalhadas de seus companheiros de banda. "Todos estão falando sobre aparelhos e coisas do gênero e eu digo assim: 'É, eu tenho uma fita que meu ex-namorado me deu como presente de despedida e na qual eu componho todas as minhas músicas'."

O conhecimento técnico de The Matrix pode ter reinventado o estilo de Katy e elevado seu nível, mas não eliminou todos os desastres. Katy recordou: "Certa noite, estávamos quase terminando toda a gravação quando Scott voltou para ligar o disco rígido e seis das sete músicas haviam sido apagadas. E nós pensamos: 'Que droga, nós teremos de regravar tudo o que passamos os últimos cinco meses gravando?'. É claro que eu sempre falo demais e gritei: 'Meu Deus, nós perdemos a gravação!' Mas chamamos um especialista e ele explicou: 'Bem, tudo o que vocês têm de fazer é ligar este botão e aí está!'."

O projeto incluía quatro duetos com o covocalista Adam Longlands — "Broken", "You Miss Me", "Take a Walk" e "Stay With Me" — e três performances solo nas quais Katy cantava sozinha: "Damn", "Just a Song" e "Would You Care".

Algumas das letras foram personalizadas por Katy, entre elas "Would You Care", que inicia com "Acostume-se, Katy". No entanto, a maioria das músicas parecia lidar com as possíveis frustrações da equipe de The Matrix por terem sido compositores invisíveis em suas carreiras em vez de compartilhar seu sucesso encoberto. As letras incluíam: "Você é apenas uma nota da sinfonia, seu nome não entrará para a história, viva na infâmia, mas você se importa?"

No entanto, outras músicas já haviam sido compostas bem antes de Katy entrar em cena. "Broken", preparada para ser o primeiro *single* do álbum, já havia sido gravada no ano anterior por outra banda, The Troys. Aquele *single*, renomeado para "What Do You Do", fracassou e o álbum associado a ele foi deixado de lado. O destino daquela música, no fim das contas, acabaria sendo uma prévia do que estava por vir.

O primeiro problema ocorreu durante a gravação. Surgiu um escândalo na imprensa quando Lauren Christy sugeriu que Avril Lavigne quase não teve participação na criação das músicas que tornaram seu álbum de estreia um sucesso multimilionário. Furiosa, Avril contra-atacou, dizendo ao *The Mirror*: "O que eles disseram não é verdade. Eu sou uma compositora e não gosto quando alguém tenta tirar de mim o crédito por algo que eu fiz. É óbvio que as letras foram compostas por mim".

Avril insinuou que a equipe de compositores tirou o crédito dela em uma jogada de publicidade para aumentar sua própria notoriedade e sucesso, convenientemente em um momento em que eles estavam iniciando um grande projeto. Agora, havia bastante polêmica acerca do CD antes mesmo dele chegar às prateleiras.

Se The Matrix achou os comentários dela constrangedores, irritantes ou apenas um truque publicitário, como ficou implícito, não era um bom início para a promoção de seu álbum.

The Matrix vivia e respirava música e era nítido que tinha conhecimento comercial para saber o que fazia sucesso. Katy disse uma vez sobre o trio: "Eles são criadores de sucessos desde o momento em que tocaram pela primeira vez". No entanto, agora que estavam no centro do palco em conjunto com Katy e Adam, tinham que encarar o fato de que poderiam não fazer tanto sucesso quanto seus vocalistas recrutados. "Nós temos de ser honestos sobre o que somos e o que The Matrix é — pessoas que têm de compor sucessos para outras pessoas", Lauren disse à *INK19*.

Talvez a equipe fosse desprovida do estilo *fashion* e da imagem bacana de alguns de seus vocalistas. Os três tinham pouca experiência de como ser uma banda. A outra preocupação era a música que eles pretendiam utilizar como primeiro *single*. Se não havia dado certo para The Troys, o que fez com que The Matrix acreditasse que poderia dar certo dessa vez?

Katy também lutou contra a suspeita de que estava comprometendo a si mesma – ela queria compor sozinha suas próprias músicas. Por todos esses motivos, o álbum acabou sendo autodestrutivo. "Foi uma vergonha", recordou Glen Ballard. "Eles não conseguiam nem decidir o *single*. Tudo se desintegrou."

Havia tensão até entre Katy e os membros da banda. Quando ela foi chamada pela revista *Blender* para uma entrevista e elogiada como "o próximo sucesso", não perdeu a oportunidade de se distanciar deles. "Droga! Lá se vai minha credibilidade!", ela riu sobre a decisão de assinar o contrato com eles. "Eles trabalharam com algumas pessoas brilhantes, mas também com pessoas que nem podem ser consideradas artistas."

Enquanto isso, Lauren achava Katy "pouco sofisticada" e lhe disse para se comportar durante uma entrevista com à *INK19*, porque a revista era "intelectual". A banda ridicularizou-a por não saber o que a palavra significava. Brincadeiras ou alfinetadas dissimuladas? A verdade era desconhecida.

Apesar do desentendimento, um vídeo promocional para um *single* havia sido produzido, no qual Katy aparecia vestindo roupas dos anos 1940 que ela tanto adorava. Ela aparecia com uma saia curta quadriculada e uma saia reta na altura do joelho, com sapatos de salto alto combinando. Ela cantava "Broken", uma música com um ritmo *punk* juvenil irresistível. Aquele seria o último vídeo que a banda filmaria em conjunto antes de o álbum ser deixado de lado para sempre.

Katy não havia desistido completamente de sua carreira musical, mas agora tinha muitas dúvidas. Decidiu tatuar a palavra Jesus em seu pulso, assim como seu pai havia feito em nada menos que quatro vezes. A tatuagem se tornou sua zona de conforto, uma lembrança de suas raízes. Também era uma assinatura onde Katy poderia encontrar amor e consolo em um mundo de negócios cada vez mais duro.

"Eu ainda tenho minhas raízes", ela contou ao *CBS News*. "Eu sabia que queria isso em mim, porque não importa o quanto as coisas mudam ao meu redor ou o quanto eu mudo, não há uma borracha para apagar isso. E toda vez que eu toco o violão, a tatuagem está virada para mim. É algo assim: 'Lembre-se, essa é sua origem — e você sempre pode voltar para ela'."

Os críticos de Katy podem ter questionado se ela realmente estava falando sério ou se, como uma jovem insegura no auge do desespero, estava apenas tentando se convencer da existência de Deus em meio à sua agonia.

Ela estava sempre tentando entender onde sua fé a deixava quando se tratava de procurar uma gravadora. A banda cristã Sixpence None The Richer, que havia atingido um sucesso breve, porém amplo, com a música "Kiss Me", já havia se perguntado a mesma coisa. "Nós não nos sentimos confortáveis em assinar com uma gravadora cristã, porque eles tentarão nos dizer como escrever nossas letras", eles pensaram, "e tentarão dar uma direção às nossas composições em vez de nos darem liberdade para pensar sobre tudo na vida que está nas mãos de Deus. Nós também ficamos desconfortáveis por sermos lançados por grandes gravadoras, porque elas não respeitarão nossa fé. O que devemos fazer?"

Aquela era uma pergunta que também estava na mente de Katy — e ela começou a procurar consolo sob a égide da Reality Carpinteria em Los Angeles.

Reality era uma organização cristã fundada por um homem chamado Tim Chaddick. Tim entendia completamente o significado da música "Rock God" de Katy. Ele cresceu como filho de um pastor, mas foi uma presa para a "profana trindade de sexo, drogas e *rock'n'roll*". Quando adolescente, ficou viciado em metanfetamina, viu sua namorada grávida sofrer um aborto e se tornou o vocalista de diversas bandas de *punk rock*. Depois que seus amigos o convenceram a comparecer a um evento cristão em San Jose, um dos quais ele costumava descrever como "terrivelmente brega", sua vida mudou para sempre.

Ele caiu em lágrimas depois que o sermão do pastor o afetou de forma inesperada e decidiu dormir no ginásio da igreja naquela noite. Apesar disso, ele nunca havia se confessado — "Como eles poderão ouvir sem um pregador?" Naquele momento, comprometendo-se em se afastar do pecado, ele abriu uma igreja e iniciou a Reality.

Quando Katy se juntou ao grupo, as sessões de oração ainda estavam em seu estágio inicial — mas ela estava começando a encontrar

Deus novamente. Enquanto isso, a Columbia Records estava trabalhando com Katy para produzir seu álbum. Ela gravou um DVD promocional para comercializar seu trabalho contendo videoclipes das músicas "Diamonds", "The Box", "Longshot", "Simple", "A Cup of Coffee" e "It's Okay to Believe". Para o vídeo de "Diamonds", Katy até viajou para Paris.

"Simple" também apareceu na trilha sonora da comédia *Quatro amigas e um* jeans *viajante*. O divertido filme retrata a vida de quatro amigas que estavam acostumadas a passar o tempo todo juntas, mas que tiveram de se separar durante o verão. À medida que as quatro seguem caminhos diferentes, elas encontram uma calça que, apesar de cada uma ter um corpo diferente, servia para as quatro perfeitamente. Elas decidiram que iriam revezar o *jeans* entre elas naquele verão, mesmo em lugares tão distantes como o México e a Grécia.

Assim como a tatuagem de Katy com o nome Jesus, essa calça *jeans* se torna a força que as une — através de romances fracassados, uma doença terminal, dramas familiares e muito mais. Katy ficou encantada por fazer parte do filme.

No dia 18 de agosto de 2005, ela teve um álbum de edição limitada lançado no Japão, pela Columbia, para testar o terreno. Parecia que Katy finalmente havia encontrado uma gravadora que acreditava nela, mas, no ano seguinte, seus sonhos seriam destruídos novamente — e os eventos seguintes fariam com que ela questionasse sua fé em Deus, na carreira musical e até em si mesma.

CAPÍTULO 4

PECANDO PELO *SEX APPEAL*

Em 2006, Katy recebeu um telefonema que abalaria seu mundo: ela estava sendo descartada pela gravadora mais uma vez. Apesar dos melhores esforços de seu mentor, Glen, todo o trabalho duro de Katy resultou em nada.

"Tentamos tantas gravadoras", ele contou ao *Entertainment Weekly*. "Mas você sabe, aconteceu a mesma coisa com Alanis Morissette. Todos a rejeitaram. E finalmente Maverick lançou *Jagged Little Pill* e foi um grande sucesso. Acho que talvez Katy estivesse muito à frente do seu tempo."

Embora ele estivesse convencido de que ela tinha uma chance, a própria Katy não tinha tanta certeza. Pela primeira vez, ela duvidou de si mesma e pensou em desistir e voltar para casa. "Chegou a um ponto em que, durante anos, eu dizia aos meus amigos que ia lançar um disco — que já tinha a arte da capa e tudo — e depois nada acontecia", ela contou. "Eu era basicamente uma piada."

Para Katy, que tinha orgulho de ser uma mulher forte e independente, a carga era quase pesada demais para suportar. As tentativas de acertar o alvo e os contínuos erros tinham sido humilhantes. Agora, não só seus amigos não acreditavam nela, como também Katy não acreditava em si mesma.

Logo ela começou a afogar as mágoas nas festas de Los Angeles. Bebia muito e passava a noite inteira dançando, e aqueles que haviam acompanhado sua carreira gospel não aprovaram. Apesar de ter vendido pouco mais de 200 cópias de seu álbum cristão, ela tinha uma plateia enorme que assistia ao seu fracasso. Foi quando o verdadeiro sentido de músicas como "Lost" realmente entrou em cena.

Russ Breimeier contou: "'Lost' com certeza é uma autobiografia de seu estilo de vida festeiro, mas acho que a orientação sempre estava lá, se ela quisesse. Ela vem de uma família cristã e, como foi criada nessa fé, sabe aonde ir para buscar orientação espiritual. Todos nós nos sentimos perdidos às vezes e precisamos de uma orientação, mas sempre há um lugar ao qual podemos recorrer — o primeiro passo é sempre nosso. Como diz o velho ditado: 'Se Deus parece estar muito longe, adivinha quem se moveu?'."

De fato, Katy confessou que ficou tão desanimada com suas tentativas frustradas, que deixou a Bíblia de lado e começou a perder sua fé. "Minha música não estava dando resultados", contou à *Christian Music Central*. "Eu me sentia meio lenta em tudo e minha relação com Deus também desacelerou. Não abri minha Bíblia durante meses."

Russ não concordou e insistiu: "Se alguém tira a importância ou se afasta de sua fé devido ao fracasso de seu álbum, talvez sua fé não fosse tão forte assim".

Para piorar, Katy estava ficando sem dinheiro. Ela teve de devolver os adiantamentos à gravadora quando o acordo foi desfeito e perdeu seu adorado carro — um item essencial para participar de testes e atravessar a Califórnia. Enquanto esperava a roda da fortuna girar a seu favor novamente, ela apareceu em um vídeo da banda de *rock* P.O.D. para promover a música "Goodbye for Now". Também fez uma breve aparição no vídeo "Learn to Fly", realizado por Carbon Leaf, contatos que ela havia feito por meio de Glen.

No entanto, ela teve de encarar os fatos: estava morando sozinha no centro de Los Angeles e esses trabalhos ocasionais nunca pagariam as contas. A humilhação de Katy aumentou ainda mais quando ela passou cheques sem fundo. "Eu assinava os cheques e no canhoto eu escrevia 'Por favor, Deus!'", brincou para o *E! Entertainment*. "Eu tinha vários cartões de visita cheios de números de telefone, então, por que nada estava acontecendo? Eu disse a mim mesma: 'Se eu não conseguir ter sucesso até os vinte e cinco anos, vou focar em outra coisa'."

Ela já havia começado a mudar o foco quando tentava se esquivar dos telefonemas ansiosos de seus pais. "Eu estava totalmente sem dinheiro e meus pais me ligavam e diziam: 'O que você está fazendo? Venha para casa!' e eu dizia: 'Esperem! Esperem um pouco! Preciso de mais um mês!'", ela recordou.

"Estive a ponto de desistir quando não consegui pagar minhas contas. Eu já tinha estado em uma grande gravadora e eles me disseram: 'Seu álbum será lançado', e depois foi um silêncio completo", contou ao *Star Pulse*, recordando sua agonia. "Isso queria dizer que não ia acontecer nada depois de todo o trabalho e o esforço que eu tive. É como terminar seu filme de estreia e ele nunca ser lançado, é tudo o que você fez na vida."

Ela percebeu que, se quisesse continuar buscando seu sonho, mesmo que por um mês, ainda mais se quisesse ter sucesso antes dos vinte e cinco anos, teria de conseguir um trabalho diurno. Assim, juntou-se à Taxi Music, uma empresa de A&R* independente no subúrbio de Calabasas. A área era enganadoramente encantadora, visto que, para Katy, ir trabalhar era um pesadelo, uma tortura, uma lembrança diária de como ela ainda não havia conseguido.

A empresa buscava ajudar músicos amadores a entrar na indústria apresentando-os a agentes e gravadoras e dando-lhes as orientações necessárias para melhorar suas músicas. Ironicamente, Katy estava avaliando e orientando artistas fracassados quando ela mesma era uma artista fracassada.

Ela contou ao *The Guardian*: "Aquele foi o momento mais deprimente da minha carreira. Eu ficava lá sentada em um cubículo com outros vinte e cinco artistas fracassados em busca do sucesso, ouvindo as piores músicas que você já ouviu na vida. Sem dinheiro,

---

*N. do T.: Artistas e Repertórios

passando cheques sem fundo, alugando um carro depois de ter dois carros devolvidos, tentando dar às pessoas críticas construtivas quando tudo o que eu realmente queria era saltar do prédio ou cortar as minhas orelhas e dizer: 'Eu não posso ajudá-lo! Não consigo fazer isso. O que vou lhe dizer? E você é desafinado'".

Ela disse à *Seventeen*: "Você não imagina o quanto eu fiquei deprimida depois de fracassar em Los Angeles após cinco anos, sabendo que ninguém na indústria musical me dava uma oportunidade. Eu dizia para aquelas pessoas: 'Bem, você precisa mudar esses acordes' ou 'É assim que você entra em contato com uma gravadora'. E eu pensava: 'Não posso dar esperança a essas pessoas'. Eu mesma não tinha esperança".

Ver tantas pessoas fracassarem assustou Katy. "Eu via outras garotas chegarem e irem embora [e] imaginava se ainda haveria espaço para mim", ela lembrou.

Além disso, naquela época, uma multidão de blogueiros em todo o mundo havia começado a denunciar publicamente a Taxi, taxando-a como uma fraude. Um cliente frustrado reclamou: "Durante o período de 12 anos e mais de 100 músicas submetidas a apreciação, com $3.525 gastos só em taxas de associação e submissão, eu não consegui um único acordo através de Taxi". No entanto, ele declarou que havia assinado um acordo com uma grande rede a cabo que regularmente tocava suas músicas. A implicação era de que a Taxi não conseguia ajudar nem mesmo os artistas talentosos a terem sucesso.

Quando até mesmo os agentes começaram a sair das sombras para criticar a empresa, chamando-a de "inútil", um jornalista da *Music Thinktank* argumentou: "Se você é jovem, atraente, possui um som adequado para o rádio, vendas verificáveis e acompanháveis e experiência em turnês, a Taxi pode ajudar você a se conectar com uma gravadora. Mas, com tudo isso que está acontecendo em sua vida, será que você realmente precisa deles?"

Katy concordava com esse argumento. Ela sentia que estava dando orientações profissionais para pessoas que mal podiam cantar enquanto ela mesma havia falhado de forma impressionante em sua própria carreira. Os críticos poderiam ter argumentado que amadores preferiam receber conselhos de veteranos experientes na indústria, pessoas que já conheciam o sucesso. Para Katy, o próprio significado da palavra era elusivo.

Durante aquele período sombrio de sua vida, ela fez um teste para a Capitol Records, que de início demonstrou interesse, mas também a rejeitou. Ela engoliu seu orgulho e começou a gravar novamente, determinada a encontrar a música perfeita que a faria conseguir um contrato com uma gravadora.

Naquela época, ela sofreu comentários maliciosos de outras pessoas no negócio. "Alguém me dizia: 'Ei, talvez você devesse voltar para casa, porque nunca vai assinar um contrato novamente. Você já não serve e deveria estar no corredor de produtos com defeito [no supermercado]'", ela contou à *Entertainment Weekly*. "Eu tinha vinte anos e pensei: 'Já sou um produto com defeito?'"

Katy estava incrédula, mas Glen Ballard lhe deu um conselho paterno. "Eu encorajei Katy a não se rebelar contra qualquer coisa pela qual ela havia passado, mas a usar isso para definir quem ela era como pessoa", ele lembrou. Talvez tenha sido esse conselho que mudou a imagem pública de Katy. Quem ela era como pessoa? Os espectadores estavam prestes a descobrir.

Katy começou a gravar novas músicas, a mais dramática era "All I'm Selling is Sex". A música fazia referência à prostituição, sexo sem compromisso e fotos sem roupa, incluindo a letra: "Eu sou uma dama, talvez boa para uma coisa... você quer ser meu amante rico se eu prometer me comportar? Então você poderá me ter, mas estará cavando sua própria cova".

Essa perigosa imagem de *femme fatale* que Katy estava mostrando não era mais divertida e provocante, era pura sensualidade. Os ouvintes também ficaram sabendo que Katy estava disposta a tomar um banho de champanhe para promover a música. Como ela tinha dito a Blender que "faria qualquer coisa para chamar a atenção", essa possibilidade não parecia remota.

Segundo um conhecido anônimo, sua atitude não era uma surpresa. "Katy queria ser grande a qualquer custo e, se perdesse sua dignidade no processo, não havia problema", ele afirmou. "Ela não se importava com o motivo de sua fama, contanto que fosse famosa. Sempre quis ser notada. Em qualquer multidão, ela era a pessoa mais estridente, mais estranha e mais disposta a chocar."

Ele complementou: "Ela entrou no mundo da música cristã porque pensou que poderia ter sucesso usando a rede de relacionamentos de seus pais. Ela não era exatamente amiga de Gwen Stefani na época, não é mesmo? Mas seus pais conheciam muitas pessoas que trabalhavam com música gospel, portanto parecia o melhor caminho a seguir. Sua família era forte e unida e Katy sabia que podia contar com seu apoio mesmo se fosse contra suas expectativas. Acho que foi esse amor incondicional que ela recebeu em casa que, na verdade, lhe deu a confiança para se voltar contra o que ela havia aprendido. Vendo Katy, hoje, é difícil acreditar que ela alguma vez levou Deus a sério. Se pedissem para ela subir naquele palco e cantar odes a Satã, acho que ela teria aceitado".

Essas foram palavras difíceis para Katy. Talvez o fracasso de seu disco cristão a tivesse feito pensar que, se ela quisesse ser mundialmente conhecida no mundo da música, teria de sacrificar a religião e ser agradável para as tendências, satisfazendo aquele apetite por histórias libidinosas. Afinal de contas, Charlotte Church e Avril Lavigne só se tornaram nomes conhecidos quando deixaram as conotações de garotas de coral e começaram a fazer música para as massas.

Por outro lado, talvez essa nova faceta fosse o que Katy tanto havia desejado, mas apenas nesse momento ela teve a confiança para expressá-la. Se ela quisesse chocar e confundir, esse era de fato o efeito que ela conseguiria.

No entanto, sua imagem dupla confundia algumas pessoas mais do que ela gostaria e, no início, o tiro saiu pela culatra. Corriam boatos de que Katy não havia continuado na Columbia principalmente porque os executivos não sabiam ao certo como a promover.

Poderia uma garota aparentemente tão doce e inocente fazer sucesso como uma mulher sensual? Será que ela tinha o *sex appeal* que o consumidor moderno esperava ver na tela de sua televisão? Apesar de sua apreensão, os contatos que ela fez na gravadora com certeza não a haviam esquecido.

Quando Angelica Cob-Baehler, agente publicitária sênior na gravadora, estava fazendo contatos no prêmio *Grammy 2006*, tinha apenas coisas boas para dizer sobre Katy. Ela acreditava que Katy seria o novo sucesso, alguém tão novo, que nem havia aterrissado no planeta Terra ainda. Por um mero golpe de sorte, Angelica depois conseguiu um trabalho na Capitol Records, trabalhando com o executivo veterano Jason Flom e seu então representante de A&R junior, Chris Anokute.

Chris disse a *Hit Quarters*: "Angelica nos contou sobre uma garota, Katy Perry, que assinou com a Columbia. Eu disse: 'Quem é Katy Perry?', e ela disse: 'Ela é incrível. Era uma cantora cristã e a Columbia não sabe exatamente o que fazer com ela e está prestes a abrir mão dela. Eu disse: 'Bem, envie-me sua música!'"

Angelica lhe enviou uma *demo* com três músicas: "Simple" e duas novas faixas nas quais Katy havia estado trabalhando, "Thinking of You" e "Waking Up in Vegas". Katy estava começando a controlar seu próprio som e, portanto, ao contrário de antes, o ímpeto para essas músicas veio de sua experiência.

"Waking Up in Vegas" era sobre as noites de decadência de Katy na cidade do pecado. "Estando na área da grande Los Angeles, Vegas é como um parque de diversões acessível", ela contou à *Tideline*. "É uma daquelas coisas, você está com alguns amigos e toma umas cervejas e joga uma moeda e de repente você está em Vegas."

Ela acrescentou: "Depois você chega lá e pensa: 'Minha nossa, por que eu me sinto assim?'. Você pensa: 'Tirem-me daqui!'. Então, é o tipo de coisa que todo mundo diz: 'Sim, vamos lá e vamos fazer isso e aquilo e ficar na boa!', e na manhã seguinte você diz: 'Socorro, estou morrendo!'".

A música pode ter tratado de ressacas e hedonismo, mas a maior inspiração de Katy foi o casamento falso que aconteceu em uma dessas noites, quando ela e seu namorado simularam o casamento fictício de Britney Spears em uma minúscula capela.

"Eu tinha dezessete anos na época", ela lembrou ao *The Mail*. "Meu namorado e eu passamos um fim de semana louco em Vegas e, em um momento de loucura, decidimos que seria engraçado fingir que nos casamos só para assustar nossos amigos e nossa família. Compramos um vestido de noiva e um terno em uma loja barata, escolhemos um bolo de casamento e entramos na capela de casamento Little White para explicar ao padre o que queríamos. Ele pareceu não ter problema e até fez um certificado de casamento falso. Nas fotos, nosso rosto está dizendo: 'Por que estamos fazendo essa maluquice?'. Mandamos as fotos para todas as pessoas que conhecíamos e elas enlouqueceram por completo. Toda essa experiência estúpida foi a inspiração [para a música]."

Alguns de seus amigos hesitantemente a parabenizaram, enquanto outros temiam por sua sanidade, inclusive sua agente. Ainda assim, a vida de Katy não era feita apenas de diversão e brincadeiras. Quando ela escreveu "Thinking of You", não estava pensando em criar um grande sucesso, mas apenas em exorcizar sua frustração sobre como a vida a estava tratando. Ela não só estava em uma profunda depressão devido ao fim de sua carreira musical, como também estava sofrendo com o fim de sua relação com Matt Thiessen. Quando o romance terminou, Katy sentiu que tinha se transformado de uma glamorosa jovem cheia de vida em uma pessoa insignificante e com o coração partido em questão de semanas. Essa era a mesma pessoa sem a qual ela sentia que a vida não valia a pena. Porém, em vez de sentir pena de si mesma, ela escreveu uma música.

"Eu escrevi essa música sozinha em meu apartamento e não pensava nada sobre ela", contou mais tarde ao *Blog Critics*. "Não só é minha música mais pessoal, como eu de fato gosto de tocá-la. E quando eu a toco, as pessoas se sentem realmente tocadas por ela."

Chris Anokute era uma dessas pessoas. Para ele, a *demo* provou que Katy poderia escrever tanto uma melodia alegre, quanto uma balada suave — e ele se rendeu. "Eu pensei: 'Essa é uma música que pode entrar no topo das paradas!'", ele revelou ao *Hit Quarters*. "Eu peguei a *demo* e fui até o escritório de Jason Flom e disse: 'Meu Deus, eu encontrei a próxima Avril Lavigne com um toque de Alanis Morissette!'. Quando toquei as *demos* para ele, ele não tinha certeza de que eram boas o suficiente. Mais importante, ele já tinha ouvido falar dela antes e esta não era a primeira vez que Katy Perry era rejeitada, mas, como eu estava tão apaixonado pelas músicas, Jason decidiu ir a uma apresentação."

Os dois assistiram à apresentação de Katy tanto em The Viper Room, quanto em The Polo Lounge, duas grandes casas noturnas em Los Angeles. Jason certamente pensou que ela tinha potencial, mas não tinha certeza de que poderia torná-la bem-sucedida no cada vez mais cruel mundo da indústria do entretenimento.

Chris foi persistente. Ele lembrou: "Eu estava tão apaixonado pelas músicas, que todas as semanas eu batia na mesma tecla, tentando convencê-lo a assinar um contrato com ela, dizendo: "Jason, nós vamos encontrar o disco, vamos desenvolvê-lo, vamos resolver isso! Há algo especial nela, eu sei que ela é uma estrela. Quem se importa com o fato de que ela foi rejeitada?'. Nós estávamos determinados a seguir adiante com o contrato... Quase sete semanas depois, Jason me mandou um e-mail: 'É espetacular. O que estamos esperando? Vamos assinar com a garota'."

Era o telefonema que Katy havia esperado, e ele veio durante uma de suas temporadas na odiada Taxi Music. "Eu recebi um telefonema da pessoa que dirigia a Capitol Records, porque eles iriam assinar comigo, mas depois desistiram. Essa era minha terceira gravadora que fazia isso", Katy contou à *Seventeen*. "Eu pensei: 'Não vou passar por isso de novo!', e ele me ligou alguns meses depois, quando eu estava sentada naquele cubículo, e disse: 'Sinto muito, quase cometi o maior erro da minha vida ao não assinar com você. Realmente acredito em você! Vamos fazer isso, vamos tentar!'"

Katy estava incrédula. Neste mundo que parecia uma montanha-russa, a única coisa com a qual ela havia se acostumado era o fracasso. Mas, de todas as coisas que tinham se tornado consistentes e familiares em sua vida, essa era a que ela menos sentiria pesar ao dar adeus. "Eu disse: 'Você está falando sério?'", ela lembrou. "E ele respondeu: 'Sim, vamos tentar!'. E foi o que fizemos."

Foi o fim perfeito para um ano infernal. No entanto, agora Katy seria orientada pela equipe da Capitol por mais um árduo ano. "Passamos um ano convencendo pessoas", Chris Anokute contou ao *Hit Quarters*. "Eu até fazia Katy vir ao escritório e tocar seu violão e mostrar suas músicas para qualquer pessoa, estagiários, assistentes, pessoas da mídia, pessoas de vendas. Eram nove pessoas no meu pequeno escritório observando-a tocar. Essa divulgação interna durou um ano."

O fato de que tantos funcionários de gravadoras se lembrassem dela mostrou a Katy que as várias rejeições não se deveram a uma falta de talento, mas meramente a um momento inadequado.

"Algumas pessoas diziam: 'Nós já gastamos dinheiro com ela. Precisamos de rostos novos'", Katy disse ao *CBS News*. "De certa forma, todos olhavam para mim um pouco como um produto com defeito. É como se você visse uma lata de sopa em uma ala do supermercado e ela estivesse um pouco amassada, você não vai comprar aquilo de verdade, ainda que a sopa dentro da lata esteja provavelmente deliciosa! Não tem diferença. Será uma ótima tigela de sopa! Foi preciso um maravilhoso grupo de pessoas na Capitol para ver além do abismo e ver que o abismo na verdade era interessante."

Para Jason Flom, as rejeições de Katy finalmente trabalharam a seu favor, provando que ela não era uma pessoa que desistia com facilidade e que era resistente e séria em relação a seu sonho de fazer sucesso no mundo da música. Isso a diferenciou das garotas que buscavam o estrelato em um impulso, mas pulavam fora quando as coisas ficavam difíceis. Ele estava confiante de que ela seria bem-sucedida. "Ela passou vários anos trabalhando com muitos produtores diferentes e sempre terminava na rua. A maioria das pessoas em sua situação teria jogado a toalha, mas estrelas de verdade não desistem", ele refletiu.

Ironicamente, Katy, mais tarde, tornou-se uma propriedade tão valiosa que as pessoas começaram a brigar para definir quem havia sido o primeiro a descobri-la. Jason Flom desafiou as declarações de Chris Anokute de que ele havia sido responsável pelo contrato de Katy, insistindo que, apesar de Chris ter feito "definitivamente parte de uma grande equipe de pessoas que tiveram um papel fundamental no progresso de Perry, ele não foi o principal responsável pelo contrato de Katy". Ele ainda disse que Chris foi apenas um "enérgico líder de torcida para o projeto".

O primeiro passo era encontrar um conjunto de canções para apresentá-la ao mundo, canções que fariam os fãs de música moderna baixá-las fervorosamente no momento em que as escutassem. Katy tinha escrito quase setenta músicas desde que chegara em Los Angeles, mas nem todas se encaixavam no perfil. "Simple", por exemplo, foi cortada de imediato.

Outras eram músicas divertidas sobre os altos e baixos dos relacionamentos entre adolescentes, como "My Boyfriend's Ex-Girlfriend", inspirada no grupo No Doubt, mostrando as travessuras de uma garota "psicótica" incapaz de aceitar que seu ex-namorado seguiu em frente e disposta a se vingar.

No entanto, apesar de gostar de melodias alegres e joviais, a Capitol buscava mais uma mensagem chamativa para sua plataforma de lançamento no mundo da música, uma mensagem que refletisse a mulher de vinte e dois anos que Katy era agora. Algumas de suas músicas anteriores pareciam normais demais e isso era uma coisa que Katy não era.

O plano foi lançar uma combinação das favoritas da Capitol entre as músicas antigas e as novas que ajudariam Katy a se encaixar no estúdio. As músicas compreendiam um período de cinco anos, mas o tema que se apresentava constantemente em quase todas elas é que elas eram puro *pop*. Incerta se essa era sua grande oportunidade ou apenas outra tentadora experiência de tentativa e erro, Katy estava disposta a arriscar e assinou sobre a linha pontilhada.

Seu CD enfim seria lançado, mas a Katy que estava sendo apresentada ao mundo estava a milhares de quilômetros de onde ela havia começado. Não eram apenas as letras sobre sexo que a separavam dramaticamente de seu passado, mas também seu estilo musical. Certa vez, Katy havia se comprometido em ser o polo oposto das tendências *pop*, mas agora só falava nisso.

Após se liberar de seu rótulo de artista gospel cristã inofensiva, ela tentou investir no *rock*, atraída ao gênero por ele ter dado nascimento a uma era de artistas que falavam o que pensavam e agiam sem se importar com o que os outros pensavam. Mesmo para Katy, no começo de sua carreira essa falta de inibição era um sonho impossível. Exibições como uma estrela de *rock* chamativa impactaram a garota protegida que tinha que se conformar com um estilo de vida cristão por toda a sua existência, alguém que secretamente estava cansada de ter todos os seus movimentos examinados. Ela não queria ser julgada para sempre de acordo com a lei de Deus. Esses artistas lhe mostraram que a liberação era possível.

Seu ponto fraco eram as mulheres roqueiras que, ao contrário de suas colegas gospel, tinham uma personalidade forte. Katy se sentia atraída pela atitude despreocupada delas e adorou ser apresentada a mulheres como Shirley Manson, do grupo Garbage.

Consequentemente, muitos de seus primeiros trabalhos agora apresentavam um tom de *rock* — exceto o disco com The Matrix — e foi o que a fez sentir-se mais segura. A faixa "Rock God" tinha sido escrita no momento certo, pois sua letra sobre dançar ao som de um ritmo arrebatador e sucumbir a um vício musical era a trilha sonora perfeita para a liberação de Katy.

Ela percorreu um longo caminho e contou ao *The Telegraph*: "Fico chateada quando os cantores não aproveitam uma boa melodia e um bom ritmo para colocar uma letra que faça as pessoas sentirem algo. O importante é que a música as façam querer dançar, ou rir, ou chorar, ou deixe seus braços arrepiados". Katy queria responder às poderosas emoções que a música suscitava nela, enquanto antes ela se identificava com a garota de dez anos no *Acampamento de Jesus* que tinha medo de dançar por prazer.

A música cristã claramente não se adequava a Katy, apesar de ela ter insistido publicamente que cantava para Deus. "Você pode ter me contratado para ser uma Christina Aguilera, mas estou fazendo isso por mim e por Deus", contou ela à *Christian Music Central*, de forma provocante. "Estou fazendo isso porque agora é o meu momento. Não fiz isso porque você tinha uma ideia de que eu seria alguém que eu não sou."

Talvez esse tipo de confissão fosse o que o jornalista Russ Breimeier tivesse querido dizer quando afirmou que Katy "não se cativava com a mídia". Mesmo assim, apesar de seu jeito deselegante, ela continuava insistindo que uma carreira cristã, e não uma carreira *pop*, era o que ela sempre quis.

Ironicamente, alguns podem dizer que a história de Katy não foi muito diferente da história de Christina. Ambas começaram sua vida pública quando eram adolescentes atraentes e encantadoras, mas sem se expor muito. Elas haviam passado uma mensagem clara de que não eram objetos sexuais e não estavam disponíveis.

Christina era um indefinido "gênio da garrafa", alguém que dizia que seu corpo podia estar dizendo "sim" ao sexo, mas que seu coração dizia "não". Sua vida parece ter sido uma sequência de encontros castos com namorados cavalheirescos, enquanto Christina piscava os olhos e fazia o papel de uma virgem inocente. No entanto, a imagem de boa menina foi rapidamente consumida com o lançamento de músicas como "Dirrty", que a reinventaram como uma garota festeira promíscua e que queria satisfazer seus desejos. Mais tarde, ela declarou que a imagem casta nunca havia sido realmente ela, mas sim mais uma invenção de sua gravadora.

De forma semelhante, Katy havia ecoado a mensagem de Christina de recusar o sexo casual e sem compromisso, mas agora estava cantando sobre encontros de uma noite, independentemente de expressar isso em um sentido musical ou literal, vendendo sexo. Além do mais, agora ela estava fazendo isso com um ritmo *pop*. Ela contou a *Black Book* sobre esse período de sua vida: "Adoro música *pop*. Não estou tentando esconder nada. Estou tentando vender álbuns. Sempre quis produzir um grande álbum *pop* e é com isso que estou começando".

Ela não deu espaço para especulações ou dúvidas quando conversou com *OMH*, afirmando: "Não tenho nenhuma vergonha! Amo a música *pop*. Tive contato com jovens que odeiam vender discos e gostam de ser artistas que morrem de fome. Mas eu quero tocar em estádios. Quero vender discos. Quero ser uma garota *pop*!". De forma extraordinária, poucos anos antes, Katy havia evitado o gênero, dizendo: "No começo eu fazia *pop*, que era completamente a antítese de onde eu queria estar".

Será que Katy se tornou uma fã de música *pop* assim que deixou de lado os alertas de seus pais a respeito das músicas que não tinham conteúdo religioso? Ou será que se sacrificou no altar da conformidade ao escolher a música *pop* porque ela sabia que era o que o mercado das tendências queria ouvir?

Russ Breimeier contou: "Katy poderia ter tentado de novo com outra gravadora cristã. Também poderia ter seguido de forma independente ou de acordo com as tendências, ainda expressando sua fé à sua maneira ou de formas sutis, mas finalmente ela escolheu seguir as tendências e um estilo de vida festeiro".

Parecia que Katy havia fugido das expectativas que faziam parte da música cristã e não estava mais feliz em fazer esse papel. Como Christina, ela estava se rebelando.

Sempre um camaleão, agora ela tinha se reinventado pela quarta vez, no que alguns poderiam chamar de uma última chance desesperada para alcançar o sucesso. Se ela fracassasse de novo, poderia ter que voltar a Santa Bárbara para trabalhar em um emprego convencional. A vida de Katy girava em torno da música: ela não tinha um diploma universitário e sentia que havia chegado longe demais para terminar trabalhando em um escritório. Mesmo se Katy fosse tachada de hipócrita intolerável, ela não queria viver uma vida mundana no subúrbio — e talvez estivesse disposta a fazer o que fosse necessário para evitar que isso se tornasse realidade.

Teria Katy simplesmente abandonado Deus em sua imagem externa ou teria ela também internalizado a mudança? Aos dezesseis anos, ela disse de forma provocante ao *Cross Rhythms*: "Eu sou quem eu sou e não vou deixar ninguém mudar isso".

Todavia, nos meses anteriores à gravação de seu álbum de estreia, ela havia dado um giro de 180 graus. Qualquer pessoa que tivesse dito a Katy que a música *pop* era uma boa carreira agora estava rezando para os convertidos.

Poderia a verdadeira Katy Perry aparecer? Quem era ela? O *CBS News* pensou a mesma coisa e lhe perguntou: "Quando você pensa em sua infância em Santa Barbara, nas idas à igreja todos os fins de semana, ter sido criada sem poder ouvir as músicas que você canta agora, se eu tivesse contado a você naquela época que você seria essa estrela *pop pin-up sexy*, você teria acreditado em mim?". Com um sorriso forçado, Katy respondeu à pergunta fervorosamente ponderada sobre sua verdadeira identidade: "Acho que sempre estava no fundo da minha mente que esse era o plano".

Ela acrescentou ao *Star Scoop*: "Enfim, vendi minha alma ao diabo".

CAPÍTULO 5

UM GOSTINHO DE BATOM DE CEREJA

Katy agora tinha uma estratégia — e ela envolvia o *pop* de tendências. Embora sua tatuagem com o nome de Jesus possa tê-la confortado em momentos de escuridão e apaziguado seus pais ansiosos, não era uma boa combinação com o plano de carreira que ela pretendia seguir. Sua Bíblia foi deixada em um canto empoeirado, abandonada em favor de sexo, drogas e *rock'n'roll*.

O *LA Times* declarou: "Perry tem Jesus tatuado em seu pulso com uma caligrafia antiga, mas ficou tímida na primeira e única vez em que a tatuagem foi mostrada, cobrindo-a com sua manga, antes que conseguissem fotografá-la novamente". A tatuagem agora parecia pouco mais do que um segredo desagradável, o qual ela queria apagar por completo de sua imagem pública. Entretanto, o que aquela pequena tatuagem representava para Katy era uma lembrança do perdão de Deus. Para a parte dela que ainda acreditava, ela sentia que tinha o direito de se comportar mal o quanto quisesse, porque sempre teria suas raízes religiosas às quais recorrer. Comportar-se mal era inevitável agora — exatamente como sua música dizia, ela escolheu um caminho e o estava seguindo a qualquer custo.

O primeiro flerte de Katy com algo impactante veio através de sua música de estreia, "Ur so Gay". A música revelou-a como uma garota *pop*, expressando suas frustrações por se apaixonar por um homem que usava mais maquiagem do que ela. Foi uma brincadeira com homens metrossexuais, como os comediantes Noel Fielding e Russell Brand e o cantor Brian Molko, da banda Placebo. O alvo de seu afeto era viciado em se enfeitar e ficar se analisando na frente do espelho por todos os ângulos — era alguém que roubava suas roupas e tinha mais produtos de beleza do que ela — e Katy não estava feliz. Como ela poderia ser a princesa bem cuidada quando seu companheiro parecia mais bonito do que ela?

Depois de uma separação longa e triste, Katy se viu em um beco sem saída e decidiu compor uma música. "Essa música é sobre esses rapazes que usam lápis nos olhos e chapinha no cabelo e vestem meus jeans — Eu quero vestir meus jeans!", contou à *Diva*. "É sobre rapazes que passam mais tempo no espelho do que suas namoradas — e eu a compus após ter sido rejeitada. Foi um daqueles relacionamentos em que o término durou mais do que o próprio relacionamento, infelizmente, e eu só me lembro de que depois, finalmente, foi a gota d'água, ele me expulsou do apartamento para não mais voltar. Eu voltei para casa e estava um pouco chateada."

Algumas garotas poderiam ter se consolado com uma caixa de lenços ou desabafando com suas melhores amigas. Entretanto, Katy não ficou soluçando sobre seu cereal após uma noite sem dormir — em vez disso, ela encontrou sua vingança na forma de uma letra de música. Para alguém que aceitava ser uma mulher obsessiva, o apavorado receptor de sua raiva pode ter esperado bonecos de vodu, almofadinhas com alfinetes, alvos de dardos com sua foto ou até mensagens no Twitter criticando o tamanho do seu orgão sexual. Entretanto, com a ajuda da companheira de quarto de Katy, uma simples rima acabou sendo igualmente profunda e dolorosa.

"Eu estava desenvolvendo um verso na minha cabeça e o toquei para ela e disse: 'Não sei o que dizer no refrão, ele é, tipo assim, muito *gay*', e ela disse: 'Diga isso'. Eu respondi: 'Ok, eu vou dizer isso!'. Foi uma brincadeira com aquela situação emo."

A próxima pessoa a ouvir a criação de Katy foi o homem que a inspirou. "Nós conversamos sobre a música", ela contou ao *Metro Mix*. "Trocamos algumas palavras. Ele estava bem. Eu toquei a música para ele e disse: 'Vamos, filho da mãe, você vai me largar?' e ele disse: 'Droga'."

Para Katy, era um jogo limpo. Sua ressalva era que ela já havia dito à imprensa que, quando fosse rejeitada, estaria preparada para "fazer da vida da pessoa um inferno". Ela riu, dizendo ao *The Telegraph*: "Tenho certeza de que há pequenas letras no rodapé de minha vida que dizem: 'Cuidado — se você namorá-la, poderá ter seus órgãos genitais cortados em uma música'."

Sua gravadora estava ansiosa para que "Ur so Gay" fosse um *single* de amostra, disponível para *download* gratuito em seu *site*. Eles também queriam um lado-B interessante para acompanhá-lo — e novamente, a experiência de vida definiu qual música Katy deveria usar.

"Eu saio para dançar com minhas amigas", ela contou à revista *Prefix*, "e 'Use your Love', a versão original feita por The Outfield, começa a tocar e imediatamente todas as garotas vão para a pista de dança. Todos estão lá dançando e tentando acertar aquelas notas." Katy queria capturar a vibração daquele lugar em seu próprio CD e, depois de consultar seus amigos mais conhecedores de música, sentiu que havia encontrado a música perfeita.

"Ela queria uma música que não deixasse ninguém encostado na parede", um amigo revelou anonimamente. "Ela tinha em mente algo que faria até mesmo a garota mais tímida se levantar e começar a dançar — e, cheia de esperança, mexer-se como se houvesse um foguete atrás dela. Ela queria a dança exagerada que você vê na música 'Time of my Life', do Black Eyed Peas, caso fosse necessário. Katy queria ter um efeito louco sobre as pessoas e 'Use your Love' era a música certa."

Em seguida, ela começou a gravar um vídeo para "Ur so Gay", o qual seria lançado no MySpace em 20 de novembro de 2007. O diretor era seu amigo, Walter May. O orçamento era mínimo, mas o senso de humor de Katy era grátis. Ela e Walter usaram bonecas Barbie da Fashion Royalty como acessórios, incluindo um boneco Ken com um desejo perpétuo de mudar seu visual, que representava o personagem *gay*.

O vídeo mostrava uma aparência angelical de Katy desafinando em um violão com a cor do mar de Santa Barbara. As árvores acima dela tinham rostos sorridentes, assemelhando-se a uma cena dos *Teletubbies*, e ela estava vestida com uma blusa de bolinhas recatada e um laço feminino no cabelo.

Se a TV infantil tivesse retratado uma dona de casa adolescente dos anos 1940, essa seria exatamente sua aparência. Na verdade, julgando apenas pela aparência, Katy era a criança propaganda de tudo o que era bom, saudável e puro. Entretanto, vocalmente, ela estava longe de ser uma representante da serenidade, e a letra contava uma história diferente. Ela descrevia com exatidão o estrangulamento de um ex--namorado problemático com seu cachecol H&M e falava com muita misericórdia a respeito de um assassino em série — mesmo assim, ela manteve um sorriso angelical e sereno durante todo o tempo.

Ela foi, com certeza, subversiva. Um amigo confirmou anonimamente: "Você teria de ser surdo para pensar: 'Olhe para a agradável Katy Perry!'." Na verdade, Katy não queria mais ser agradável. A música era sua oportunidade para ser franca, corajosa e *rock'n'roll* — todos os prazeres que lhe foram negados em casa.

No entanto, seu desejo de causar um rebuliço saiu pela culatra quando ela provocou a fúria de grupos defensores dos direitos *gays* e dos meios de comunicação. A revista *Prefix* atacou: "Parece que ela iria direto para o topo das paradas musicais — exceto, é claro, pelo fato de que "Ur so Gay", a música que ela esperava que a levaria até lá, não é tanto um ataque engraçado, mas sim uma crítica que chega a ser quase ofensiva".

MSNBC concordou, acrescentando: "Se você substituísse uma minoria diferente nas músicas de Perry, elas nunca seriam tocadas. 'I Kissed a Black Guy' ou 'Ur so Korean' não estariam no Top 40. Aliás, uma música chamada 'I Kissed a Boy', cantada por um rapaz, provavelmente morreria logo".

Mas talvez a reação mais triste tenha sido a do *site* de cultura *pop After Ellen*. "Você não iria, nem em um milhão de anos, ver uma grande estrela *pop* lançar uma música de vingança chamada 'Ur so Asian' ou 'Ur so Disabled'", ele alertou. "Isso não iria e não deveria acontecer. Mas ainda é de certo modo aceitável para uma artista cantar uma música como 'Ur so Gay' para se vingar. Nós vivemos em um país onde *gays* e lésbicas ainda não são aceitos para servir às forças armadas...Vivemos em um mundo onde a juventude LGBT tem quatro vezes mais probabilidade de cometer suicídio do que seus equivalentes heterossexuais... Um terço de todos os jovens LGBT já tentou se suicidar. E você sabe onde tudo isso começa? Sabe do que eles são chamados? Sabe o que se pode ouvir em qualquer corredor de escola? 'Você é tão gay!'."

Katy havia sido arrastada involuntariamente para um debate político sobre os direitos *gays* e a hostilidade era grande. Não foi a recepção que ela esperava para o lançamento experimental de seu primeiro *single pop*.

Ela se apressou em se defender, insistindo ao *The Times*: "O fato é que nós vivemos em um mundo muito metrossexual. Você sabe, uma garota pode entrar em um bar, conhecer um garoto e descobrir que ele é mais bem cuidado do que ela e eles não conseguem se entender. Ele está usando base e um pouco de bronzeador? Mas ele está me pagando bebidas ao mesmo tempo... Eu não estou dizendo: 'Você é tão *gay*, você é tão idiota'. Estou dizendo: 'Você é tão *gay*, mas eu não entendo, porque você não gosta de garotos!'."

Na cabeça de Katy, essa era uma maneira cômica de zombar de alguém, em teoria, metrossexual, mas que havia, quase seguramente, sido *gay* "em outra vida". Ela foi ingênua ao usar a palavra *gay* como uma expressão corriqueira, talvez sem perceber as conotações negativas que isso poderia gerar.

Além do mais, em defesa de Katy, a música havia sido composta em parceria com Greg Wells e produzida por ele. Greg era um compositor que também havia colaborado com a bissexual assumida Mika. Tendo isso em mente, parecia improvável que aquela música fosse algo mais do que uma provocação.

Katy disse ao *The Telegraph*: "Está claro que nem todos vão dar as mãos e cantar juntos, como fariam com 'We are the World', mas algumas pessoas olham muito profundamente, como se houvesse uma conspiração ou um plano para as músicas. Por favor, gente, eu não estou aqui para salvar o mundo — sou apenas uma cantora *pop*!"

Na verdade, por trás da raiva, pode até ter sido um lampejo de afeição, se não de reconhecimento, pela rotina de arrumação meticulosa de seu ex-namorado. Ela esclareceu ao *Buzznet*: "É sobre qualquer rapaz que usa lápis nos olhos e faz um esfumaçado. A música só está tirando sarro do que nós chamamos de emo. Há um pouco de emo em todos nós".

No entanto, nem todos viram dessa maneira. Foram criadas comunidades no Facebook em oposição a ela com nomes como "Gay Guys Unite Against Katy Perry" e ela recebeu mensagens de ódio em seu *blog*. "Há pessoas que nem conhecem a premissa por trás da música", ela contou ao *Metro Mix*. "Eles vivem para serem ofendidos e deixam comentários anônimos em meu perfil. Há algumas pessoas me chamando de cadela idiota que deveria se jogar no rio, mas isso é intenso e eu não dou atenção."

Mas será que isso era mais intenso do que as letras que fantasiavam sobre estrangular seu namorado com seu próprio cachecol? Talvez Katy tivesse cavado sua própria cova. Será que o mundo foi projetado para entender seu senso de humor cáustico e, ainda mais, para aceitá-lo?

As coisas não andavam bem para Katy. As rádios não queriam tocar uma música que ofendia tanto os homossexuais, quanto os heterossexuais com a mesma intensidade. O que havia surgido como uma música inovadora para arrancar um sorriso sincero ou forçado do público se transformou em uma revolta generalizada.

Não ajudou o fato de que, na Inglaterra, mais ou menos na mesma época, um garoto de dezoito anos havia sido espancado até a morte pelo mesmo motivo: ser "muito *gay*". Essa notícia tornou mais difícil a possibilidade dos *gays* virem a música de Katy como apenas uma brincadeira. Além disso, as vendas estavam extremamente baixas. Mesmo o vídeo tendo recebido mais de um milhão de acessos no MySpace, tornando-se o segundo mais popular de todos os tempos no *site*, isso não se igualava às vendas no mundo real.

Chris Anokute disse ao *Hit Quarters*: "Não esperávamos vender 50 mil EPs e com certeza não o fizemos — vendemos apenas alguns milhares. Na minha opinião, ela fez bem em termos de gerar uma história na mídia, mas como as pessoas não correram para o iTunes para comprar o EP, alguns executivos na gravadora começaram a voltar atrás".

Apesar de ninguém achar que Katy se tornaria um *best-seller* instantâneo, as expectativas para o *single* certamente haviam sido mais altas. Algumas pessoas acharam que ela tinha se notabilizado e poderia fazer coisas melhores, enquanto outras se perguntavam se haviam cometido um grande erro. Conforme os boatos de descontentamento foram se espalhando, a pressão aumentou. Era um momento de prova para Katy. Se ela falhasse, poderia voltar para as ruas sem uma gravadora para lançar seu material. Um amigo de Katy revelou de forma anônima: "Katy pode parecer um osso duro de roer e, em geral, ela é, mas esse era seu primeiro *single* propriamente dito — você pode imaginar como dói quando ninguém tem nada bom a dizer sobre ele? Ela estava humilhada e só queria se esconder".

Justamente quando parecia que Katy poderia ser abandonada mais uma vez, uma aliada inesperada veio resgatá-la: Madonna. Ao vivo no rádio, Madonna elogiou a melodia, declarando-a como sua "música favorita do momento".

Dizer que Katy estava alegre seria pouco. "Foi um grande momento para mim", ela contou ao *Tideline*. "Eu não conseguia me conter de tanta alegria. Fiquei pensando: 'Madonna não tem tempo para ouvir música, e muito menos para saber meu nome e sobrenome, e MENOS AINDA para ser minha líder de torcida!'. É, meus sonhos estavam definitivamente se tornando realidade".

Seus sonhos também foram crescendo. Ela começou a dizer à imprensa que queria que sua própria marca fosse tão conhecida quanto à de Madonna. Embora aquilo pudesse ser um pouco ambicioso demais para uma artista que mal tinha quebrado o gelo que envolvia, Katy estava determinada a convencer o público. Sua mensagem foi validada pela *Entertainment Weekly*, quando esta descreveu "Ur so Gay" como "dezoito tons de erro". Pode ter soado como um comentário negativo, mas, assim como Katy, era uma ilusão. O jornalista estava, na verdade, elogiando-a, uma música tão errada que se tornava certa. Aos poucos, ela foi conseguindo as críticas positivas que tanto desejava.

Mas a batalha ainda não havia acabado, Katy ainda tinha que mostrar seu talento no próximo *single*. Se ele não fosse um sucesso, ainda havia uma chance de ser abandonada. Com seu histórico, ninguém era mais sensível do que Katy sobre a possibilidade de perder outro contrato.

Ela também estava enfrentando a oposição de seus pais que, particularmente, não estavam satisfeitos com as amizades artísticas que ela estava mantendo. "Eu liguei para minha mãe e disse que Madonna disse na rádio que "Ur so Gay" era uma de suas músicas favoritas", Katy falou com entusiasmo ao *Metro Mix*. Mas ela ficou bastante desapontada com a reação de sua mãe. "A reação foi negativa, sobre como ela vê as pernas de Madonna em todas as paradas do metrô na Europa. Essa foi sua única reação. Mas tudo bem, eu não preciso mudá-las."

Daquele momento em diante, Katy tinha de enfrentar o mundo sozinha, às vezes enfrentando os altos e baixos por si mesma.

Ansiosa para que o *single* fosse um sucesso, a Capitol colocou Katy para trabalhar com o grande produtor Dr. Luke, que também havia trabalhado com ela quando ela assinou com a Columbia. Embora seus agentes sentissem que as gravações da Columbia não tinham um *single* diferencial e que se sobressaísse, eles esperavam que, dessa vez, as coisas pudessem mudar.

Não é o homem certo a quem recorrer quando se tem um problema de saúde, porém o Dr. Luke construiu uma excelente reputação por realizar cirurgias em músicas. O compositor polonês-

-americano havia sido produtor de Avril Lavigne e Pink e passaria a trabalhar com nomes como Ke$ha ("Tik Tok"), Jessie J ("Price Tag") e Britney Spears ("Hold It Against Me"). Além de ter um currículo de produção de sucessos incríveis, ele também tinha uma personalidade excêntrica, encaixando-se no perfil de um professor louco, em vez de um médico, por isso nunca haveria um momento tedioso no estúdio. Acreditando que deixar as inibições de lado era bom para a criatividade, ele encorajava os artistas a serem violentos no estúdio, pedindo-lhes que jogassem *spray* de pimenta nele e o atacassem com armas de choque.

Juntos, Luke e Katy recrutaram Max Martin, um rei do *pop* brega, mas infecciosamente fácil de lembrar. Ele ficou famoso por seu trabalho com The Backstreet Boys, incluindo os grandes sucessos "Everybody" e "I Want it that Way", e também havia composto o *single* de estreia de Britney Spears, quando ela era uma estudante de dezesseis anos de idade, "Hit me Baby one More Time".

Finalmente, e tão talentosa quanto, a ex-estrela do *pop* Cathy Dennis foi acrescentada à mistura. Ela havia se aposentado de uma carreira *pop* curta, porém de sucesso nos anos 1990, para compor nos bastidores e foi responsável por "Toxic", que Britney Spears descreveu como a música favorita de toda sua carreira, e "Can't Get Out of my Head", de Kylie Minogue, uma melodia tão contagiante que permaneceu um clássico por anos. A Capitol sentiu que suas composições combinavam com a voz de Katy e a ética de trabalho garantiria à gravadora o *single* de sucesso que ela estava tão desesperada para conseguir.

Katy já tinha algumas ideias para compartilhar. Ela havia tido um sonho sobre um beijo lésbico dezoito meses antes e agora queria incorporá-lo a uma música. "'I Kissed a Girl' surgiu como uma ideia em minha cabeça", ela contou à *BBC News*. "O refrão, na verdade, apareceu em minha cabeça quando eu acordei. Foi um daqueles momentos em que você ouve artistas falando sobre músicas que surgiram em sonhos ou no meio da noite."

A música de Katy era sobre a "beleza inegável" das mulheres, focando a atração extremamente intensa que ela sentira quando adolescente. "Eu era obcecada por ela", ela contou depois à *Diva*. "Eu fazia tudo o que ela fazia. Não conseguia acreditar que uma pessoa pudesse ser tão delicada e suave e bonita. Ela nem sequer tinha de se esforçar para isso. Acordava pela manhã e era resplandecente. Uma pequena Bambi. Ela estava sempre na minha cabeça como aquela beleza icônica."

De acordo com Katy, foi uma curiosidade inocente que a inspirou, e não a luxúria. Ela não tinha certeza se queria ser sua paixão ou estar com ela. Mas, de qualquer forma, Katy estava completamente fascinada por ela.

Katy passou a amar a ideia do toque suave da mulher — seu cheiro perfumado, seus lábios sensuais e seu corpo curvilíneo — e ela afirmou que, quando dormia nas casas das amigas na adolescência, despertou sua curiosidade. "Você sabe, garotas em uma festa do pijama, e elas acabam ficando com outras garotas", Katy contou ao *The Times*. "Todas nós temos muito medo do primeiro beijo com aquele garoto que sabemos que vai babar em todo o nosso rosto." Por esse motivo, ela até desejou que seu primeiro beijo tivesse sido com uma garota.

Apesar de rapidamente insistir que não era lésbica nem bissexual e que tinha um namorado, Katy queria escrever sobre a fluidez da sexualidade. Ela também ficou muito feliz por estar trabalhando com Cathy Dennis, a qual considerava "uma das melhores cantoras que ela já tinha ouvido em toda a sua vida. Ela tem uma voz tão suave, ardente e *sexy*".

A música, gravada durante os últimos dois dias do tempo de Katy no estúdio, fez um sucesso imediato com Chris Anokute, mas havia certo temor se o público se sentiria ofendido por uma música de cultura alternativa que falava sobre beijar uma garota e gostar disso.

"Quando estava criando 'I Kissed a Girl', ela entrou em meu escritório e cantou a música com o acompanhamento de seu violão", Chris recordou ao *Hit Quarters*. "Eu pensei: 'Meu Deus, se a música é incrível, será a gravação de uma carreira'. Eu estava muito ansioso para tocá-la para as pessoas no escritório, mas por algum motivo as pessoas não compreendiam. Um alto executivo influente me disse que ela soava como uma música de clube internacional. Outras pessoas disseram: 'Isso nunca será tocado nas rádios. Como podemos vender isso? Como isso será tocado no Cinturão Bíblico?'"

Apesar de ser oprimido pela oposição, Chris continuou lutando, pois sentia que ele sabia mais do que seus chefes. "Eu tinha vinte e quatro anos", ele recordou. "Sei o que as pessoas jovens gostam de escutar. Eu fui a festas e saí com Katy e seus amigos e sabia como eles reagiam às músicas, por isso continuei lutando. Convenci um dos rapazes da rádio a acreditar no disco. Dennis Reese teve uma intuição e eu tive de usá-lo para tentar convencer todos a darem uma chance a esse álbum. Então nós temos uma chance. Se isso não der certo, Katy provavelmente será abandonada pela gravadora. Temos de fazer acontecer."

A pressão estava no ar. Até Katy tinha suas dúvidas, afirmando à *Entertainment Weekly*: "Quando a gravadora quis ir adiante com 'I Kissed a Girl', eu pensei: 'Nãooo! Vai parecer que este é o único assunto sobre o qual eu sei cantar!'".

Mas ela foi convencida e, junto com sua gata Kitty Purry, também gravou um vídeo. Katy foi forçada a superar uma de suas maiores fobias para a gravação — pelo de gato. "Eu tenho um problema com pelos de animais", ela explicou. "Tipo assim, se eu estiver em uma fila e uma garota tiver um cardigã preto cheio de pelos de animais, eu terei de sair da fila ou simplesmente começar a tirar todos os pelos de seu cardigã preto e é provável que a assuste. Eu adoro minha gata, mas nós temos uma relação de amor e ódio, porque tenho de limpar os pelos o tempo todo!"

Uma vítima assumida de TOC (transtorno obsessivo-compulsivo), Katy tinha pavor de pelos grudados em suas roupas — e não apenas porque isso seria ruim para sua mania de roupas impecáveis.

Segundo estatísticas, o TOC é especialmente comum entre religiosos devotos, e Katy havia lutado diversas vezes contra o impulso de raspar por completo os pelos de seu gato.

No entanto, ela superou seu medo — acariciando, abraçando e segurando Kitty Purry para as câmeras com um sorriso tranquilo no rosto e sem um rolo removedor de pelos. Sua coragem foi um bom sinal para o lançamento do *single*, que ocorreu no dia 17 de maio de 2008. Katy estava aflita e confessou ao *E! Entertainment*: "Eu sabia que esta seria a música que possivelmente abriria todas as portas. Sabia que seria apenas o pontapé inicial".

Entretanto, treze anos antes, uma música com o mesmo nome havia sido banida das transmissões de rádio e televisão dos Estados Unidos, portanto havia uma especulação sobre como as estações de rádio encarariam a música. Desta vez, a primeira estação a adicionar a melodia de Katy à sua lista foi The River, na cidade notoriamente religiosa de Nashville.

O CEO Rich Davis falou sobre sua decisão: "Um representante da gravadora tocou a música para mim e eu me lembro de que ela soou como um grande sucesso. Eu não recebi nenhuma reclamação de representantes homofóbicos, mas recebi algumas opiniões de mães que ouviam a minha estação e disseram que, quando a música fosse tocada, elas mudariam de estação. Depois de receber comentários como esse, eu realmente tive de avaliar se valeria a pena tocá-la, já que minha função era atrair ouvintes. No fim das contas, a música foi um grande sucesso e, quando Katy cantou-a no programa *Today*, eu sabia que ela de fato tinha agradado o público... Ela passou a ser a música número um no país.

Pode-se considerar que a música ficou por um fio? Claro, mas ela não deve ter sido tão polêmica para ter alcançado todo esse sucesso.

Apesar da popularidade da música, dois grandes grupos se opuseram a ela. De um lado, estavam membros da sociedade estritamente religiosa que acreditavam que a Bíblia ensinava que a homossexualidade era um pecado. Por outro, estava a comunidade *gay*, que ficou furiosa com Katy por banalizar um estilo de vida *gay*, aparentemente usando-o para gerar polêmica e aumentar as vendas de seu disco. Um terceiro grupo em crescimento gradual apenas pensou que Katy era uma farsa, independentemente de qualquer conotação política.

The Times foi um desses jornais, que insistiu: "A dupla *pop* russa t.A.T.u explorou o lesbianismo com muito mais atrevimento do que Perry". t.A.T.u era uma dupla de garotas adolescentes que afirmavam se amar e filmaram um beijo apaixonado para o vídeo promocional de seu primeiro *single*: *All The Things She Said*. Segundo alguns relatos, elas rapidamente se tornaram as adolescentes mais odiadas na Rússia, enquanto os britânicos menos conservadores acharam seu relacionamento — com direito a beijos ao vivo nos *shows* — excitante. A ilusão do amor lésbico foi, de alguma forma, destruída quando uma das garotas engravidou. Depois disso, elas desapareceram completamente das paradas. Isso provocou críticas de que sua popularidade se baseava apenas em suas travessuras no palco e em suas polêmicas.

O empresário de t.A.T.u, Ivan Shapovalov, o equivalente russo de Simon Cowell, mais tarde afirmou que uma das garotas havia transado com ele para ter uma chance de estrelato, que quis produzir outra música polêmica chamada "Daddy, Don't Touch me There" e que era obcecado por marqueteiros na vida pessoal delas. Enfim, ele encorajou as garotas a cantarem em inglês, apesar de elas não entenderem uma palavra sequer do idioma quando gravaram o *single*. Presumiu-se mundialmente que ambos os atos eram falsos, mas o vídeo de Katy foi criticado por falhar em ser tão ousado quanto Tatu e por não exibir um beijo.

Katy tinha uma resposta para essa acusação. "Eu não queria ser tão literal", ela contou à *Diva*. "Esse não é um espetáculo maluco com garotas se beijando. Algumas pessoas ainda não aceitam isso, mas há coisas muito mais loucas e vulgares na MTV — você já viu um vídeo de *hip-hop*?! Minha perspectiva é um pouco irônica, perspicaz, paqueradora e curiosa. Um pouco Betty Boop aqui e acolá... É provocante, mas eu já vi pessoas saírem da linha e pularem na piscina!"

Katy com certeza sabia quando parar. Ela teve bastante prática em andar na linha durante sua infância extremamente religiosa. Embora a sugestão de beijar uma garota fosse uma polêmica audaciosa, uma música chamada "I Kissed my Great Dane and I Liked it" teria sido absolutamente ofensiva. Ela sabia com exatidão até onde podia ir sem se imobilizar pela censura — e transformava a provocação sutil em uma obra de arte.

No entanto, seus comentários horrorizaram alguns ativistas *gays*. Além dela descrever um beijo *gay* como um "*show* de esquisitice", ela também insistiu: "Quando somos jovens, temos as emoções à flor da pele... Isso não é perverso, é doce". Estaria Katy dizendo que os romances entre lésbicas eram pervertidos e que uma experiência supostamente inocente iria até o ponto em que uma garota pudesse aguentar?

A frase "Isso não é o que boas garotas fazem" humilhou a comunidade *gay*, mas para Katy isso era uma recordação simples e honesta de como os desejos lésbicos haviam afetado sua personalidade, tendo vivido em um ambiente onde era inaceitável ter esses sentimentos. "Eu entendo de onde as pessoas preconceituosas vêm — eu cresci cercada por muita ignorância", explicou à *Diva*.

Katy acrescentou ao *The Advocate*: "Acho que este é um assunto presente em meu coração. Tenho vários amigos *gays* e já beijei uma garota. Cresci em um ambiente muito rígido, onde isso era considerado abominável — e eu odeio essa palavra!".

No entanto, a famosa lésbica Beth Ditto, do grupo de *rock* The Gossip, não se acalmou com as explicações de Katy. "Eu odeio Katy Perry!", ela afirmou à revista *gay Attitude*. "Ela ofende a cultura *gay*. Estou muito ofendida! 'I Kissed a Girl' é um hino sobre lésbicas para garotas heterossexuais que gostam de excitar garotos beijando umas às outras ou fingindo ser lésbicas. Ela está apenas pegando carona nas costas da cultura sem ter de passar pelas dificuldades e sem ser uma lésbica nem nada."

Quando Katy foi questionada pelo *The London Paper* sobre o comentário enfurecido de Beth, ela respondeu diplomaticamente, insistindo: "Não quero trocar insultos com ninguém, por isso não quero dizer nada ruim sobre ela, mas não estou surpresa. Aprendi nesse ano que um artista nunca deve insultar a música de outro artista — é deselegante".

Ironicamente, Beth já havia dito antes coisas negativas sobre a cultura *gay*, declarando que modelos de passarela "pele e osso", extremamente magras, eram a causa de homens *gays* que impunham seus próprios desejos de androginia na indústria da moda. Ela sentia que eles reprimiam a exibição das curvas naturais das mulheres. "Se há alguém a culpar pela magreza feminina, não são as mulheres", ela disse. "Culpe os *gays* que trabalham na indústria da moda e querem que essas mulheres sejam como bonecas."

Quando ela soube que Katy não ficou impressionada, falou novamente, dessa vez correspondendo à sua diplomacia. "Isso não é sobre Katy Perry", ela contou ao *Star Pulse*. "É sobre a música e a inocência da parte dela. Para Katy, essa é apenas uma música divertida, mas para uma pessoa *gay*, é assim: 'Claro, essa pessoa heterossexual cantando sobre beijar uma garota vai direto para o Top 40 e as pessoas compram esse disco. Mas quem se importa com as pessoas realmente *gays*?' Isso que é de fato doloroso nessa história toda."

Ela acrescentou: "É tipo assim: 'É isso que você pensa? Claro, porque você nunca pensou sobre o que as pessoas genuinamente *gays* sentem e o impacto que uma música como esta tem no mundo *gay* em um momento de direitos civis cruciais'".

Ela culpou a música de Katy por reduzir a orientação sexual lésbica a uma representação para o entretenimento dos homens. Ela também destacou o problema dos direitos dos *gays*, falando sobre o momento em que ela passou por uma séria cirurgia, mas não pôde ter sua parceira ao seu lado. "Experimente ser uma pessoa de vinte e três anos bastante assustada em um quarto de hospital a 4.800 km de distância de sua casa e a única pessoa que você tem é sua parceira, que não pode ficar lá porque vocês não são casadas ou ela não é sua parente. Isso é uma loucura e me assusta muito", ela continuou.

Dando a Katy um último conselho, ela insistiu: "Não me importo se ela compõe uma música sobre beijar uma garota, mas há pessoas que beijam garotas em seu cotidiano e isso não é tão fácil quanto apenas beijar uma garota e agradar a todos. Seria muito legal ouvi-la falar sobre algo assim".

Katy tentou afastar os comentários "profundos" que sua música provocou, dizendo que havia sido uma "piada" descontraída desde o princípio, mas isso só aumentou a fúria das ativistas lésbicas. No vídeo para o *single*, a curiosidade de Katy é meramente um sonho rápido, do qual ela acorda com um homem ao seu lado para retomar sua vida heterossexual normal — seus desejos *gays* não passavam de um fruto de sua imaginação. Algumas críticas dizem que eles nunca nem existiram.

No fim das contas, até o *The Times* acusou Katy de lesbianismo interesseiro, escrevendo: "Perry é muito cuidadosa em insistir que isso é apenas uma passagem pelo lesbianismo... No final, ela opta pela heterossexualidade e se esquiva do lesbianismo em tempo integral. Mesmo assim, isso tem gerado algumas polêmicas que trazem destaque para ela".

Esse foi outro lado da música que trouxe críticas para Katy. Até as revistas acusaram-na de forjar o lesbianismo deliberadamente para se tornar um símbolo sexual para os homens e vender mais CDs. A revista *Slant* afirmou: "'I Kissed a Girl' não é problemática pelo fato de promover a homossexualidade, mas sim porque sua apropriação do estilo de vida *gay* é usada exclusivamente para chamar a atenção, tanto do namorado de Katy, quanto do público".

AllMusic escreveu: "O problema não é com a sexualidade de Katy, mas sim com o fato de que seu coração não está na música. Ela está apenas usando-a para se promover, por isso penetra em assuntos intensos que transformam suas músicas em um símbolo grotesco de todos os excessos desprezíveis desta década".

Enfim, a *Digital Spy* emitiu a crítica mais cortante, afirmando: "Não é nada que Gwen Stefani, Girls Aloud ou até mesmo Britney Spears em um bom dia não pudessem ter lidado com mais calma... O conteúdo da letra é tão atrevido quanto um cartão-postal da praia em 1974 — apenas cotoveladas e piscadelas, em vez de algo verdadeiramente original ou polêmico. São três minutos agradáveis o suficiente, mas é difícil enxergar o disco como algo mais do que uma jogada de *marketing* cínica que esta se aproveitando das fantasias de garotos adolescentes com seu vídeo quase grosseiro".

No entanto, Katy nunca negou que o tema daquela música fosse uma jogada de *marketing*. "Algumas pessoas ficam fascinadas com a ideia de uma incrível narrativa: boa garota, pais cristãos, vai pelo mau caminho", ela contou à revista *Q*. "'I Kissed a Girl' fornecia o enredo perfeito, por isso é divertida para as pessoas."

Usar experiências de vida para o entretenimento foi exatamente o que a comunidade *gay* detestou e o que a comunidade heterossexual ridicularizou em Katy. Algumas pessoas sentiram que haviam sido enganadas. Independentemente de ela de fato ter sentido desejo por outras mulheres, a história foi fabricada para atrair publicidade.

Talvez ela não fosse tão inocente quanto parecia. Ela contou ao *Blog Critics* sobre sua personalidade: "Sou obcecada pela forma como Lolita consegue caminhar em uma linha tênue entre a doçura e a inocência, mas ela sabe exatamente o que está fazendo, entende? Eu me acho muito parecida com ela". Na verdade, Katy podia fingir ser recatada e modesta, mas ela sabia com perfeição como se promover e quais efeitos isso poderia ter.

Em seguida, Katy foi, de brincadeira, acusada de plágio por Jill Sobule, uma estrela *pop* lésbica dos anos 1990. Ela havia sido gerenciada pela mesma pessoa que agora estava organizando a carreira de Katy, Jason Flom, e achou que era um pouco mais do que coincidência o fato de Katy estar cantando uma melodia com o mesmo título da sua, lançada em 1995.

Ela contou à revista sobre estilo de vida e cultura, *The Rumphus*: "Como uma pessoa do mundo da música, eu sempre evitei criticar outros artistas... Entretanto, incomodou-me um pouco quando ela disse que teve a ideia do título em um sonho. Na verdade, ela compôs a música com uma equipe de compositores profissionais e foi contratada pela mesma pessoa que me contratou em 1995. Eu não mencionei isso em entrevistas, pois não quero parecer invejosa ou insignificante, porque eu não sou assim".

Depois, ela mudou sua opinião: "Pensando bem, talvez tenha havido alguns momentos de inveja e irritação. Então aqui vai, pela primeira vez em uma entrevista — dane-se, Katy Perry, sua ladra de títulos talvez 'ruins para os *gays*'. Eu não sei muita coisa sobre você, então não tenho certeza se você é talentosa, sua vadiazinha".

Jill fez esses comentários como uma brincadeira, mas foi mal-interpretada e logo recebeu centenas de *e-mails* e mensagens no Facebook dos defensores furiosos de Katy. Uma dessas mensagens dizia: "COMO VOCÊ SE ATREVE? Chamar Katy Perry de vadia. Estou tão irritada com você, assim como os outros fãs dela. Por que você fez isso?".

Para tentar corrigir o erro, Jill falou ao *The Hiffngton Post* sobre a entrevista on-line: "Eu havia colocado uma carinha sorridente no começo da minha resposta e depois inseri uma série de palavrões exagerados propositadamente atípicos e completamente na brincadeira... Algumas semanas mais tarde, a citação foi reproduzida nos tabloides fora de contexto e sem aquela carinha — difícil de ver em publicações impressas... Eu nunca fiquei com raiva de verdade e nunca tive nada contra Katy. Dito isso, espero que ela e seus fãs — só Deus sabe que eu não quero mais os irritar — não tenham problemas com o título da minha mais nova música: 'I Kissed a Girl... First'."

Na verdade, a discussão — incluindo os gracejos de Jill — só serviu para atrair mais publicidade para ambas. Brincadeiras à parte, Jill de fato tinha algumas ressalvas quanto à autenticidade da música. Ela sentia que sua música era um hino autêntico para as

Com uma flor no cabelo, Katy se prepara para bajular o colunista de fofocas e crítico musical Perez Hilton na festa de aniversário de 30 anos do colunista, em 22 de março de 2008, no hotel Beverly Wilshire, em Los Angeles. (RYAN BORN/WIREIMAGE)

Como sempre, Katy é o centro das atenções e, vestida de um jeito diferente, recebe olhares admirados dos membros mais conservadores de sua banda em The Matrix, quando o grupo chega ao estúdio de gravação. (IANWHITE.COM/CORBIS)

Katy, sob a luz dos holofotes, em um de seus primeiros *shows*, realizado no *Q102 Jingle Ball Concert*, no Susquehanna Bank Center, em Camden, Nova Jersey, em 14 de dezembro de 2008. (JEFF FUSCO/GETTY IMAGES)

Katy segura dois prêmios da MTV durante a divulgação do *Europe Music Awards 2009*, em Berlim, enquanto se prepara para apresentar a cerimônia. (DAVE HOGAN/GETTY IMAGES)

Um palco nada comum: flamingos infláveis cor-de-rosa e óculos escuros em forma de coração são apenas uma parte normal do *show* de Katy, que canta no The Park Festival, em Kinross, Escócia, no dia 11 de julho de 2008. (BRIAN SWEENEY/GETTY IMAGES)

Quem inventou o ditado "filho de peixe, peixinho é" obviamente não conhecia Katy Perry. Nesta foto, ela divide o holofote com sua profundamente religiosa mãe enquanto enfrentam a multidão na festa de lançamento de seu álbum *One Of The Boys*, em Los Angeles, no dia 17 de junho de 2008. (JESSE GRANT/GETTY IMAGES PARA EMI MUSIC)

Amor juvenil: Katy posa para as câmeras no *MTV Video Music Awards*, em Los Angeles, no dia 7 de setembro de 2008, com seu então namorado, Travis McCoy. (CHIRS POLK/FILM MAGIC)

Katy, fotografada ao lado de Perez Hilton, desfila com o bigode que era marca registrada de seu ídolo Freddie Mercury em sua festa de aniversário de 24 anos, em 28 de outubro de 2008, nos Estúdios Siren, em Los Angeles. Perez copiou a façanha de vestir-se com roupas do sexo oposto, aparecendo em uma festa subsequente como Lady Gaga. (ALEXANDRA WYMAN/WIREIMAGE)

Katy compete com Lady Gaga no quesito estilo ao aparecer com um conjunto de cartas de baralho no cabelo enquanto posa com sua avó para a festa de lançamento de Roc Las Vegas, no Hotel e Cassino New York, em Las Vegas, no dia 30 de agosto de 2008. (DENISE TRUSCELLO/WIREIMAGE)

Inspirada por uma recente viagem à Índia, durante a qual Russel Brand a pediu em casamento, Katy aparece vestida suntuosamente em uma tradicional roupa indiana, posando com seu companheiro no *Grammy Awards 2010* em Los Angeles, no dia 31 de janeiro. (LARRY BUSACCA/GERRY IMAGES FOR NARAS)

Katy, mesmo doente e lutando contra uma sensação de náusea, desfila com seu vestido de Hello Kitty ao receber o prêmio de Melhor Artista Solo Feminina Internacional no *Brit Awards 2009*, realizado em 18 de fevereiro no Earls Court de Londres. (MARK ALLAN/WIREIMAGE)

Katy incorpora o personagem na *Q102 Jingle Ball Concert*, em Camden, no Susquehanna Bank Center, em Nova Jersey, no dia 14 de dezembro de 2008, fantasiada como uma cintilante árvore de Natal especialmente para esta ocasião. (BILL McCAY/WIREIMAGE)

Mamãe Noel sensual: outra roupa festiva para Katy em seu *show* no *Jingle Ball* da 102.7 KIIS FM, no Honda Center de Anaheim, no dia 6 de dezembro de 2008. O vestido seria usado novamente no ano seguinte para apresentar seus pais a seu novo namorado, Russel Brand. (JEFF KRAVITZ/FILM MAGIC)

Menino, menina ou indefinido? Katy posa com um bigode à la Freddy Mercury e um terno do lado esquerdo e um vestido florido do lado direito, no Winner's Room no *MTV Europe Music Awards 2008*, em Liverpool, no dia 6 de novembro. (GARETH CATTERMOLE/GETTY IMAGES)

Katy se mima no *MTV Latin America Music Awards*, em 16 de outubro de 2008, em Guadalajara, México, caindo sobre uma enorme torta cor-de-rosa. (JEFF KRAVITZ/FILM MAGIC)

Coberta de torta, Katy não para de sorrir no *MTV Latin America Music Awards*. (JEFF KRAVITZ/FILM MAGIC)

Katy se dirige ao público de Liverpool em seu trono em forma de banana como apresentadora do *MTV Europe Music Awards 2008*, em 6 de novembro de 2008. (KEVIN MAZUR/WIREIMAGE)

Katy aparece no *MTV Video Music Awards 2010* no Nokia Theatre de Los Angeles, no dia 12 de setembro, brilhando em um vestido quase transparente. (STEVE GRANITZ/WIREIMAGE)
Adendo: Katy mostra no Twitter suas unhas temáticas com imagens de Russel Brand. Seu indignado ex-namorado, Travis McCoy, mais tarde declarou, enfurecido: "Isso é uma piada?".

Sentindo-se tropical: Katy se apresenta no *Grammy Awards 2009*, em Los Angeles, usando um vestido adornado com frutas, no dia 9 de fevereiro. (KEVIN MAZUR/WIREIMAGE)

Katy mostra dois prêmios no *Europe Music Awards 2009*, na Arena 02 em Berlim, no dia 4 de novembro. (DAVE HOGAN/ GETTY IMAGES)

Katy arrasa no *MTV Movie Awards 2010*, no Anfiteatro Gibson da Universal Studios, na Califórnia, no dia 6 de junho, usando uma peruca *smurf* e micro-*shorts* azul combinando. (CHRISTOPHER POLK/GETTY IMAGES)

Katy desfila com um vestido tipo carnaval ao estilo de Lady Gaga para o *Fashion Show* da Victoria's Secret em 2010, em Nova York. (THEO WARGO/GETTY IMAGES)
Adendo: Katy homenageia Jesus com a tatuagem que fez no pulso aos 17 anos.

Katy está deslumbrante no tema marinho no *Life Ball*, realizado na Rathaus (Câmara Municipal) de Viena em 17 de maio de 2008 para arrecadar fundos para portadores de HIV/AIDS. (FLORIAN SEEFRIED/GETTY IMAGES)

Katy brilha em um macacão vermelho cintilante no *American Music Awards 2010*, em Los Angeles, no dia 21 de novembro. (LESTER COHEN/GETTY IMAGES)

Armada com um pirulito colorido, Katy oferece uma dieta açucarada à sua plateia, no palco do *Today Show* da NBC, no dia 27 de agosto de 2010. (KEVIN MAZUR/GETTY IMAGES)

Em sua apresentação no *Life Ball* de Viena, conchas e estrelas-do-mar adornam a malha feita sob medida. (FLORIAN SEEFRIED/GETTY IMAGES)

Desfilando com mais uma criação inusitada no *MTV Europe Music Awards 2008*, em Liverpool, no dia 6 de novembro.
(LEON NEAL/AFP/GETTY IMAGES)

mulheres lésbicas e, naquela época, revolucionário, enquanto que a de Katy não era.

Ela contou: "Foi no ano de 1995 e ainda não havia uma música como esta. Era de fato um tabu. Os Estados Unidos têm alguns lunáticos defensores dos direitos religiosos. De qualquer forma, eu comecei a escrevê-la despreocupadamente, sem pensar que algum dia ela se tornaria famosa. Ao mesmo tempo, eu queria compor uma música sobre o lesbianismo ou a bissexualidade — algo que gostaria de ter escutado quando era uma adolescente confusa sexualmente. Eu queria cantar um hino incentivador e fortalecedor e achei que, com bom-humor, conseguiria passar pela censura".

Ela sentiu que sua própria mensagem, de uma jovem mulher atormentada tentando se conformar com sua sexualidade não convencional, era mais positiva do que a de Katy. "Acho que a música de Katy banalizou a sexualidade", afirmou. "Estava mais para 'Spring Break Girls Go Wild' ou 'I'll Kiss a Girl to Tease my Boyfriend and Sell Records' do que uma verdadeira música homossexual. Até hoje, há mulheres que vêm até mim e dizem que minha música as ajudou a se revelarem como homossexuais ou a não se sentirem tão sozinhas e monstruosas quando eram jovens. Se existem jovens garotas que sentem a mesma coisa em relação à música de Katy, então força para ela!"

Talvez Jill estivesse frustrada pelo fato de sua música ter sido banida de diversas estações de rádio por obscenidade — e, portanto, não conseguiu alcançar o sucesso que ela desejava —, enquanto a versão de Katy havia sido aceita mundialmente. Além disso, ela achava que a equipe de empresários havia criado o tema da música baseando-se em seu trabalho anterior com ela.

"Seu A&R, Jason Flom, também foi meu A&R durante o período em que ela gravou 'I Kissed a Girl'", ela explicou. "Tenho certeza de que ele achou que poderia repetir o sucesso. E ele conseguiu! Muito mais do que com minha música."

Ela acrescentou polemicamente: "Katy compôs aquela música com uma equipe de compositores profissionais. Eu não tenho certeza se a ideia foi dela ou dos outros compositores, mas eu não podia acreditar que sua equipe não havia escutado minha música".

Katy agora enfrentava acusações de insultar lésbicas e fingir beijar garotas simplesmente para vender seu produto. Havia até uma dúvida sobre a originalidade de sua música. Mesmo assim, as críticas mais duras vieram da comunidade de religiosos praticantes.

"Eu fiquei decepcionada com o conteúdo de mau gosto da letra", Russ Breimeier contou. "As letras dela às vezes têm uma característica de criança travessa... é como se ela pudesse dizer ou fazer qualquer coisa para chamar a atenção. Para mim, o maior problema com as letras e a personalidade de Katy com o passar dos anos é que elas se tornaram muito polêmicas. A Bíblia tem palavras enérgicas para aqueles que induzem outros ao pecado e isso inclui a ostentação da nossa sexualidade. Independentemente de Katy ter criado a música como uma brincadeira ou não, muitas pessoas se ofenderam com ela. Se for levada ao pé da letra, é uma música sobre a exploração sexual devido à perda de controle, ou seja, por ter ficado bêbada. Então, sim, eu acho que isso contradiz o que os cristãos aprendem de acordo com a Bíblia."

Russ não era o único que estava confuso. Katy havia prometido aos seus fãs religiosos no *Cristianity Today*: "Eu só quero ser verdadeira. Nunca vou usar uma máscara". Entretanto, os leitores agora estavam se perguntando quem era a verdadeira Katy — a garota temente a Deus cujos valores eles sempre admiraram ou uma mulher sensual e insolente que havia composto um hino para o lesbianismo?

O jornalista Dewayne Harby, que adorou Katy instantaneamente quando a entrevistou durante sua adolescência, era um dos ouvintes que não tinham tanta certeza. "Quando ela atingiu, eu fiquei extremamente orgulhoso por ela ter alcançado o sucesso, mas triste pelo fato de a indústria musical gospel ter perdido um talento tão promissor", contou. "Eu também detestei o fato de uma voz como a dela, que poderia ter continuado encorajando adolescentes cristãos a tentarem viver em uma cultura alternativa, ter se tornado uma voz da cultura da qual eles estavam tentando escapar."

Ele acrescentou: "Gosto do fato de ela parecer não se levar tão a sério, mas não gosto de como ela continua se referindo a si mesma como uma pregadora rebelde, porque acho que isso é para chamar atenção e é uma implicância minha alardear sua rebeldia dessa forma. Também estou decepcionado por termos outra cantora que usa a sexualidade para chamar atenção".

A música foi banida em toda Cingapura e não havia ambiguidade na igreja evangélica Haven's Corner, em Ohio, que colocou a seguinte frase em seus jardins: "Eu beijei uma garota e gostei, por isso fui para o inferno!".

Os fãs de Katy acusaram o *slogan* de ser preconceituoso e sugeriram que as pessoas deveriam ser livres para tomar suas próprias decisões, visto cada indivíduo ser considerado responsável apenas por si mesmo no dia do Juízo Final. Quanto à própria Katy, ela acreditava intensamente que a vida após a morte não era tão simples quanto o Céu ou o Inferno.

Mesmo assim, a música continuou ofendendo lugares distantes como o Brasil, onde uma professora foi demitida por ter dado aos alunos a letra da música para estudarem em uma de suas aulas. A diretora da escola acreditou que a música promovia o abuso de álcool e a homossexualidade.

Sites cristãos se reuniram na tentativa de "salvar a alma de Katy". Um desses *sites* mal conseguia disfarçar sua fúria. "Katy está promovendo e louvando o pecado infame da homossexualidade!", disse, com raiva. O site exibiu a letra "vulgar, pagã e vergonhosa" antes de argumentar: "Katy Perry é uma desgraça para seus pais, para os cristãos e para os Estados Unidos. Com certeza, Katy Perry não está honrando seus pais em relação aos mandamentos da Bíblia ao cantar músicas que incentivam o lesbianismo. Isso é honrar Jesus Cristo? Não, absolutamente não! A homossexualidade é abominável perante Deus."

E continuou: "Katy Perry é demoníaca. Satã é um grande mentiroso. Não seja enganado pela beleza da música do demônio — o *rock'n'roll* vem direto do inferno e corromperá seus princípios morais. Primeiro veio o *rock'n'roll*, depois a fornicação, depois o aborto e agora a homossexualidade. Em seguida será a idolatria definitiva e a adoração luciferiana".

O *site* ainda acusou toda a família de Katy de falar sobre uma linguagem que desconheciam, alegando que aquela não era uma atividade espiritual, mas sim uma forma de "bruxaria". Perplexa com as reações negativas, Katy não teve outra escolha a não ser se defender. Para sempre rotulada como a filha do pastor, ela tentou explicar que não era mais uma representante do moralismo religioso nem uma ativista política. "Minha plataforma na vida não é necessariamente pregar", ela contou ao *The Advocate*. "Eu respeito a fé de todos. Honestamente, eu levei algum tempo para respeitar a opinião de todos. Cresci em um lar onde isso não era necessariamente permitido. Não existe isso de respeitar a fé de todos no tipo de criação que eu tive."

Embora estivesse declarando publicamente que seus pais eram extremistas, ela ainda não estava nem perto de terminar. "Estou no mundo do *rock'n'roll*", ela argumentou. "Eu também erro. Sou um ser humano. Tenho defeitos. Aceito isso. Não estou aqui para pregar o evangelho, quero apenas ser uma excelente artista."

Ela continuou: "Em primeiro lugar, a música trata de uma curiosidade óbvia. Não é sobre nada intenso. O fato é que as garotas, muitas vezes, têm um cheiro muito melhor do que os garotos. Nós temos cheiro de baunilha. Temos cheiro de melancia. Temos cheiro de morango. Então, um dia, eu estava com meu namorado, abri uma revista e me dei conta: 'Sabe de uma coisa, querido? Eu provavelmente ficaria com Angelina Jolie se ela quisesse'. A música trata da beleza de uma mulher e como isso muda diversas coisas na vida. Isso já desencadeou guerras. Já terminou guerras. Em geral, não interessa se você é do sexo masculino ou feminino, pois se a mulher certa entrar pela porta, todos ficarão de queixo caído".

Katy estava crescendo rapidamente sob o brilho dos holofotes da mídia. Coisas das quais ela havia sido privada durante toda sua vida — moda, revistas, TV, música, um estilo de vida mundano — agora estavam debaixo de seu nariz e ela estava compartilhando com o público a empolgação por todas aquelas primeiras experiências divertidas. Isso era encantador a respeito de Katy para seus fãs e foi o que a fez se destacar. Muitas garotas teriam perdido a empolgação inicial em relação a uma atividade antiga e se tornado indiferente. Entretanto, cinco anos antes, Katy nem sequer tinha acesso a uma revista para lançar olhares lascivos a Angelina Jolie.

No entanto, apesar de ela querer compartilhar seu despertar sexual com o mundo, nem todos retribuíam seus sentimentos. Apesar da insistência de que a música era descontraída, ninguém ficou mais horrorizado com seu afastamento dos ensinamentos bíblicos do que seus pais.

The Daily Mail declarou que sua mãe havia iniciado um "ataque violento" a Katy, dizendo: "Eu odeio a música. Ela claramente promove a homossexualidade e sua mensagem é vergonhosa e repugnante... Não consigo nem ouvir aquela música... Quando ela toca na rádio, abaixo minha cabeça e oro". Supostamente também declarou que sua filha foi levada ao mau caminho por seus amigos festeiros de Hollywood. No entanto, Katy desprezou as acusações, insistindo: "Eu não sei com a mãe de quem eles falaram, mas com certeza não foi a minha".

Talvez a mídia estivesse fazendo uma brincadeira com Katy. No entanto, em um sermão que eles conduziram na igreja Legacy, em Springfield, a família deixou claro quais eram seus verdadeiros sentimentos. O reverendo Darren Heamsberger os apresentou com o discurso: "A mensagem geral aqui é que podemos nos desgarrar, mas Deus ainda nos ama. Não importa o quão terrível nossa vida se torne, nunca podemos fugir do amor de Deus".

Katy apreciou o gesto, dizendo ao *The Daily Telegraph*: "Eu tenho minhas próprias crenças e elas com certeza seriam diferentes da forma como eu fui criada. Mas quando se trata de minha família, nós concordamos em discordar e estamos bem com isso. Até o dia em que morrerem, tenho certeza de que meus pais estarão rezando por mim e pela minha salvação. Eu respeito isso e fico feliz por eles serem assim".

A salvação estava certamente na mente do pai dela, Keith, que disse à congregação: "Eu não posso apenas olhar para Katy Perry que é minha filha. Devo vê-la levando em consideração o que Deus pretende para ela. Não posso apenas olhar para ela porque ela é grande e famosa. Devo dizer: 'Deus, o que você vê?'... Eu a amo, nós temos uma relação maravilhosa, embora eu não esteja empolgado com tudo o que ela faz. Quando ela compôs a música 'I Kissed a Girl', eu disse: 'Meu Deus! Eu beijei Deus e gostei ainda mais!'".

A tensão ainda era grande quando apareceu uma mensagem no *site Beliefnet*, supostamente enviada pelos pais de Katy, dizendo que a alma dela precisava ser salva. "A questão é a salvação", estava escrito. "Nossos corações anseiam pela restauração de pessoas como Katy. Nós rezamos por Katy o máximo possível. Entretanto, quando as pessoas estão na escuridão, a luz incomoda seus olhos... Mas há uma luz no fim do túnel."

Apesar deles terem quase chamado Katy de Judas, cujas ações traíram Jesus, outras pessoas não foram tão comedidas. Um blogueiro do *Today's Christian* afirmou friamente: "Parece que Katy perdeu a noção da importância de Deus em sua vida e decidiu jogar fora uma carreira gospel de muito esforço apenas para ganhar dinheiro. Outra pessoa veio à minha mente de imediato, e essa pessoa é Judas. Judas foi um traidor".

O jornalista cristão John J. Thompson, com palavras igualmente intensas, insinuou que a música de Katy deveria ser boicotada. "Eu não acredito que a necessidade de uma artista cantar sobre Jesus o tempo todo seja apropriada para o público cristão", contou, "mas conheço pagãos que não deixariam seus filhos escutarem as músicas dela! Pelo que eu vejo, sua imagem e personalidade são completamente contrárias a qualquer exemplo bíblico e eu não escutei nada sobre ela que me levasse a acreditar que ela vê a vida através de um prisma de fé, misericórdia e santidade."

No entanto, apesar de um crescente número de seguidores cristãos, incluindo alguns que já haviam comprado seu disco, passar a criticá-la, Adam LaClave, do grupo cristão Earthsuit, discordou, dizendo: "Como seres humanos semelhantes, e não deuses, não deveríamos ficar julgando os valores uns dos outros pelas coisas que achamos que podemos entender. A vida de algumas pessoas é tão mundana, que elas gostam de projetar suas decepções pessoais ou inveja em outras pessoas sob o pretexto de estarem preocupadas. Sei que o fã-clube de Katy fez disso um passatempo e tenho certeza de que isso a irrita muito, assim como acontece comigo desde que eu deixei a bolha dez anos atrás. Dito isso, acho que Katy Perry, na verdade, tem uma personalidade muito semelhante à de Katy Hudson — ela está apenas vendendo seu produtos para um grupo demográfico diferente agora".

Esse novo grupo demográfico se mostraria muito mais receptivo a Katy. Enquanto o *The Observer* argumentava: "Você não é uma mulher emancipada ousada explorando sua sexualidade, você está aproveitando a mais antiga imagem do pornô masculino — e não há nada ousado nisso", *The Chicago Sun-Times* desafiou: "O fato de nossa sociedade estar começando a aceitar que nem sempre há uma opção (*gay* ou heterossexual) para as pessoas escolherem é uma coisa boa".

Algumas pessoas temiam que ela retratasse o amor lésbico para a satisfação das fantasias masculinas, em vez de um desejo sincero, insinuando que era apenas uma provocação e um prelúdio para o sexo convencional entre homem e mulher. Outros pensaram de forma diferente. Mesmo se Katy estivesse considerando apenas as vendas quando cantou, a música ainda estava pressionando um tabu desconfortável a ser posto em discussão, considerando normal o namoro entre pessoas do mesmo sexo na sociedade e potencialmente fazendo com que as mulheres lésbicas se sentissem menos isoladas.

A música de Jill Sobule de mesmo nome havia sido banida de algumas estações de rádio por ser polêmica, portanto, de fato, a aparição do título na rádio provou o quão longe os direitos dos *gays* haviam chegado. Além disso, artistas de tendências nunca haviam lançado duas músicas seguidas a respeito de sexualidade alternativa e se tornado populares anteriormente. Talvez Katy estivesse prestes a mudar para sempre os preconceitos sobre a homossexualidade nos Estados Unidos.

"A música é uma expressão válida do desejo que atrai muitas mulheres, independentemente de sua sexualidade", afirmou Louise Carolin, editora da revista lésbica *Diva*. "Eu fico irritada quando homens heterossexuais supõem que aqueles beijos entre duas mulheres são para eles e acho uma pena quando lésbicas fazem a mesma suposição." Seu apoio foi uma surpresa, uma vez que nem toda a comunidade *gay* havia sido tão receptiva.

Foi um grande consolo para Katy, após reações adversas, quando seu *single* tornou-se um sucesso comercial avassalador. Ele recebeu disco de platina em treze países, chegou ao topo das paradas em mais de vinte e, no fim das contas, vendeu mais de seis milhões de cópias em todo o mundo. Um mês depois do lançamento, a música atingiu o primeiro lugar da parada Hot 100 da *Billboard*, nos Estados Unidos, onde permaneceu por cinco semanas no total antes de dar o lugar para a música "Sex on Fire", de Kings of Leon. Katy alcançou a posição mais alta na parada para uma artista estreante em mais de cinco anos — e pensar que essa era uma melodia que a gravadora temia que nunca fosse tocada no Cinturão Bíblico!

Em um típico estilo *rock'n'roll*, Katy nem conseguia lembrar onde estava quando a música se tornou a número um, mas, quando recebeu a notícia, ela estava vivendo à altura de seu estereótipo e festejando. "Eu não me lembro da cidade exata, mas sei que nós logo tivemos um dia de folga em Las Vegas, o que foi muito empolgante, porque é o melhor lugar para celebrar qualquer coisa, certo? Meu produtor me mandou uma garrafa de Don Perignon ao hotel. Nós a pegamos e sentamos perto da piscina. Levantamos nossos óculos e dissemos: 'Como chegamos aqui?'"

Com seu estoque de álcool completo, Katy havia acabado de cometer outro ato abominável — mas não que ela se importasse.

A música havia até tirado Lady Gaga de seu pedestal. Falando sobre seu grande sucesso "Just Dance", Gaga disse ao *The Guardian*: "Ela não soa como a música 'I Kissed a Girl', de Katy Perry. Esta é uma canção bonita, adorável e maravilhosa e soa como uma canção de rádio — mas minha música não soa como uma canção de rádio".

Como ela estava errada! — parecia que, só por um momento, Katy havia deixado a nova rainha mundial do *pop* um pouco insegura.

A música também chamou a atenção da maior paixão de Katy, a atriz Scarlett Johansson. Katy havia dito à mídia que adoraria beijar a boca de Scarlett, afirmando: "Ela é bonita. Também é uma dama. Ela me lembra uma modelo fotográfica". E acrescentou: "Ela é minha paixão feminina... É uma dama jovem e muito elegante e sabe o momento de ser sensual e o momento de ser uma jovem mulher".

Scarlett respondeu, dizendo à *Allure*: "Sinto-me lisonjeada, mas meus lábios já têm dono". Ela também queria direitos autorais e brincou: "Eu deveria ganhar uma parte!".

Katy pode não ter beijado Scarlett — na verdade, ela foi rejeitada publicamente por causa do então marido de Scarlett, Ryan Reynolds —, mas ela havia vencido o fracasso, impulsionando-se para o topo das paradas, e estava empolgada.

Além disso, até alguns representantes religiosos devotos haviam mudado sua forma de pensar. "Por trás de todo o exagero e a inquietude, está uma garota que ainda ama Jesus", Mark Moring, do *Christianity Today*, disse: "Eu não acho que os músicos são obrigados a cantar sobre Deus o tempo todo. Acho que eles devem ser livres para compor e cantar músicas sobre a vida real".

Enquanto isso, Matthew Turner cujo *blog* afirmava que os cristãos deviam amar uns aos outros independentemente da sexualidade, também elogiou Katy. Ele acreditava que o conflito entre os dois lados de Katy a tornava realista e fazia parte de seu encanto. "A parte mais bonita da história de Katy é sua jornada em busca de ser completamente verdadeira, autêntica e honesta. Toda pessoa religiosa tem um lado selvagem, mas apenas as pessoas honestas permitem que esse lado seja revelado."

Enfim, Phillip von Wrede, representante de vendas de sua gravadora cristã, disse: "No fim das contas, Katy está se expressando sem se limitar ao que os outros podem pensar dela. Fico feliz por ela ter apostado em ser ultrajante e por isso ter valido a pena. Pelo lado cristão, acho que Deus nos criou para sermos criativos e honestos, independentemente do quão heterodoxo isso possa ser em alguns momentos. Quando ela estreou 'I Kissed a Girl', meus primeiros pensamentos foram: 'Tenho certeza de que isso não agradará seus pais!'. Meu segundo pensamento foi que o *single* geraria uma discussão positiva, assim como a música 'Like a Virgin' de Madonna foi polêmica no início dos anos 1980". Isso teria sido música para os ouvidos de Katy e a prova de que o refrão estava funcionando.

Ele concluiu: "Meus pensamentos gerais foram: 'É isso aí, Katy. Apareça com suas armas brilhando! Seja você mesma e deixe o sol brilhar nesses lábios com batom de cereja!'."

CAPÍTULO 6

DEBAIXO DA COBERTURA DE DOCE

Katy fez exatamente isso, viajando pelo país armada com um batom inflável gigante. Ela também aumentou a dose de sua honestidade usual ao lançar seu novo álbum dogmático, *One of the Boys.*

O álbum chegou às lojas no dia 17 de junho de 2008 e exibia sua maior marca registrada: sua língua ácida. Em sua lista, estavam os homens que são tipicamente femininos ("Ur so Gay"), muito tipicamente masculinos ("Mannequin"), muito frugais ("If You Can Afford Me") e muito indecisos e deficientes emocionalmente ("Hot and Cold"). Na verdade, qualquer homem que já a houvesse prejudicado era humilhado publicamente, tornando-se o tema de discussão de uma música.

No entanto, sob os insultos cáusticos, Katy também revelou um lado oculto de si mesma. Ela podia parecer focada na carreira e competitiva, mas sua maior ambição era encontrar o amor. "Um dos grandes mistérios da vida é a comunicação entre homens e mulheres", Katy disse ao *Digital Spy*. "Estamos todos na corrida da vida para encontrar o amor!"

Talvez ela estivesse enfim se tornando uma mulher — talvez não fosse mais apenas um dos garotos. Esse foi o tema da primeira música do álbum de mesmo título — quando Katy se desperta sexualmente, deixa de ser uma garota que andava com os garotos ao perceber que sua atitude travessa não é erótica. Em sua infância, ela havia saltado de um telhado para se divertir, sempre ficava feliz em se sujar de lama no campo de futebol e nunca havia recusado um desafio.

No entanto, ela passa a tentar não ser a valentona no centro das atenções de todos, mas sim uma mulher misteriosa, objeto sedutor de seus desejos. Encontrar um equilíbrio entre a feminilidade e a amizade com os garotos se tornaria o tema da vida de Katy em sua juventude. "Algumas pessoas dizem: 'Katy, você é um dos garotos, mas ainda mantém seu batom vermelho intacto'", contou ao *Tideline*. "Se eu precisar tirar meus saltos e jogar beisebol, acredite, eu o farei."

Ela continuou: "É uma música que fala da chegada da maturidade, aquele verão entre o Ensino Fundamental e o Ensino Médio quando todas as garotas crescem de repente e deixam de ser aquelas que eram ridicularizadas pelos garotos, passando a ser estas criaturas delicadas com as quais eles queriam ficar. As garotas crescem, mudam, se desenvolvem e, de repente, os garotos param de tentar ridicularizá-las e começam a querer estar perto delas... porque elas são bonitas e têm um cheiro bom".

Enquanto Katy compunha a música de forma independente com seu violão, a próxima faixa, "I Kissed a Girl", foi transformada por uma equipe de compositores profissionais. Após seu sucesso, a cocompositora Cathy Dennis elogiou: "Ela me parece a música perfeita para o momento. É um pouco controversa e faz as pessoas pensarem, o que é bom. Katy Perry é original, o vídeo é divertido e cativante e, embora seja sempre um pouco chocante saber que você tem a música mais ouvida no país e que vendeu milhões de *downloads*, eu sempre senti que a combinação entre a música e a artista era tão forte, que havia uma boa chance dela ser um sucesso!"

"Waking up in Vegas" foi outro sucesso contagiante e fácil de ser lembrado. No entanto, embora Cathy tenha sido a rainha do *pop*, a música foi produzida por Desmond Child, que adicionou um elemento do *rock*. Ele já havia composto músicas para Joan Jett, Bom Jovi, Aerosmith e Kiss ("Crazy Nights"). Ele saiu de sua zona de conforto das canções de *rock* estilo hino para apresentar Katy com uma música forte e suave e com um refrão atraente.

Outro produtor, Andreas Carlsson, juntou-se a eles no estúdio para canalizar a experiência de viver de forma intensa na cidade do pecado. Ele contou *ao Hit Quarters*: "Nós realmente queríamos contar a história que descrevia o momento em que as pessoas estavam deixando Las Vegas depois de terem se divertido — e Katy é a artista perfeita para contar uma história. Ela é bem-humorada e se comunica bem... Eu já tinha em mente a melodia da música. A frase 'coloque seu dinheiro onde sua boca está' era algo que nós sempre quisemos usar — esse quase foi o título, mas acabou fazendo parte do refrão. Eu não sei de onde veio essa história de Las Vegas, mas eu era um grande fã de Elvis e isso me pareceu apropriado no momento".

"Thinking of You" tinha um lado sombrio e melancólico e foi composta por Katy com seu violão acústico quando ela estava desesperada e sem dinheiro. Ela falou sobre as dificuldades que tinha para seguir em frente após o término relutante de um relacionamento. "Essa canção é provavelmente minha melhor representação [no álbum] porque eu mesma a compus", Katy contou ao *Alloy*. "É uma música que eu acredito que repercute na vida pessoal de muitas pessoas. Foi uma música que eu compus estando em um relacionamento e tendo de seguir em frente, não necessariamente querendo seguir em frente naquele relacionamento, mas acreditando que eu deveria e depois passando mais tempo com outras pessoas e sentindo culpa por trair ou alguma outra coisa."

Foram colocadas juntas no álbum "Mannequin" e "Ur so Gay". Katy não conseguia se decidir entre repreender seu namorado por ser um metrossexual supersensível ou censurá-lo por parecer não perceber. Quando ele está usando lápis nos olho, aperfeiçoando suas poses emo e pegando emprestadas as calças dela, ela hesita. No entanto, quando a mesma pessoa volta à masculinidade, ela ainda não está feliz, alegando que ele deveria sentir em vez de se comportar como um manequim.

"Eu estava num relacionamento em que a outra pessoa não existia", ela contou ao *Monsters and Critics*. "Ele tinha características de manequim. Tudo o que eu queria era amar e ser amada, mas isso não estava acontecendo. Acho que foi devido a problemas pessoais, coisas pelas quais ele estava passando. Eu não consegui superar essas coisas por algum motivo. Tentei de tudo."

Enquanto isso, Katy reclamou à revista *The New Gray* que ela sempre acabava namorando homens que eram "muito sensíveis, bonitos e cheirosos". Algumas mulheres teriam ficado satisfeitas, mas para Katy isso significava que o interesse do homem em si mesmo estava se tornando maior do que seu interesse por ela.

Um tema consistentemente abordado em ambas as músicas, entretanto, é a busca de Katy por atenção e afeto e sua frustração quando ela sente que recebe menos do que merece. Será que os homens em questão a desprezaram ou ela era simplesmente mais exigente do que eles podiam suportar?

As reclamações de Katy continuam em "If You Can Afford Me", na qual ela conta a um admirador otimista que não "está disponível para fazer caridade". Ela disse a *Metro Mix*: "A música é sobre uma garota que age de forma petulante com um rapaz — 'Não basta uma piscadela, não basta uma bebida'. Namorar hoje em dia é estranho. Em Hollywood, um rapaz convida uma garota para jantar e acha que vai acontecer algo a mais. Assim, a música é uma mensagem que diz: 'Por favor, eu valho mais do que isso'".

Mesmo assim, Katy parece indicar que, se o preço estiver certo, ela está pronta para mais. Katy demonstrou uma obsessão com riqueza e poder desde o início, batizando seu nome na ASCAP (Sociedade Americana de Compositores, Autores e Editores) como "When I'm Rich, You'll Be My Bitch".

Aqui ela estava usando seu charme para ser poderosa. Algumas pessoas a viam como uma mulher fria e calculista, determinada a conseguir o que queria e disposta a transformar um romance em uma transação. A música ofendeu feministas e também pretendentes do sexo masculino, e a *NME* a censurou como uma "'Bills Bills Bills' assexuada".

Destiny's Child foi uma das primeiras experiências musicais não religiosas de Katy após sair de casa, quando ela desenvolveu uma paixão pela música "Bug a Boo", portanto talvez "Bills Bills Bills" tenha sido uma inspiração, embora essa última critique os homens por pedirem que suas parceiras paguem as contas.

Aqueles que ouviram a versão de Katy podem ter se perguntado se ela era uma garota esperta e petulante bem preparada e com amor próprio suficiente para não entregar seu corpo — ou se era apenas uma prostituta. No entanto, mais tarde, ela admite na música: "I don't need your dollar bills". A música tinha potencial para ser tão controversa e mal compreendida quanto "Bills Bills Bills" — e talvez essa tenha sido exatamente a intenção de Katy.

Em "Hot and Cold", ela volta a analisar as motivações do sexo masculino. De acordo com uma frequentadora anônima da igreja, a mãe de Katy havia dito que a música se baseava em uma referência bíblica. Ela explicou: "Eu escutei a mãe dela, Mary Hudson, falar na minha igreja, em Kalamazoo, Missouri, que ela ama muito sua filha e, é claro, não está satisfeita com suas músicas atuais, mas sabe que ela voltará a se entregar ao Senhor, com quem ela cresceu durante toda sua vida. Na verdade, a música "Hot and Cold" refere-se a uma passagem da Bíblia que diz que, para Deus, ou você é bom, ou é mau. Isso é algo que Katy cresceu ouvindo de seus pais quando eles a ensinavam sobre a palavra de Deus. Em pouco tempo, Katy estará livre para Deus mais uma vez e continuará cantando, mas, desta vez, cantando para Deus!".

No entanto, Katy tinha uma explicação diferente. "A música é sobre um relacionamento", ela disse ao *Digital Spy*. "Eu estava com um garoto do qual eu gostava muito e conversávamos por mensagens no celular ou por *e-mail* e ele simplesmente desapareceu, por três dias. Isso me deixou louca, porque eu fiquei pensando: 'Eu achei que tínhamos feito planos para este fim de semana'. Eu percebi que esse garoto era a pessoa mais desprezível e mal-humorada que eu já tinha conhecido e, honestamente, não aguentei mais. Ele mudava de humor como se estivesse na menopausa."

Embora fosse uma interpretação um pouco menos saudável, a frustração de Katy com os homens que não conseguiam se decidir entre declarar seu amor eterno ou recuar por completo foi o tema principal de sua adolescência.

"Os homens não entendem que nós, mulheres, os amamos e que os amaremos eternamente, e alguns garotos mais jovens não entendem que nós queremos coerência de vez em quando", ela disse ao *Tideline*. "Eu estava saindo com um garoto que era assim: 'Vou te levar para jantar — e para mim, aquelas palavras significavam: 'Banho. Depilação. Tudo. Unhas. Vestido. Pés'. De repente, são 8 horas da noite e ele saiu com seus amigos, e você pensa: 'Eu passei por toda esta transformação e EU TE ODEIO! VOCÊ SABE QUANTO TODA ESSA ARRUMAÇÃO CUSTA?!'".

Como mulher, Katy deseja ser apreciada e admirada, mas em "Self Inflicted", quando ela compara um romance atormentador a jogar-se sobre o público em um *show* de *rock* turbulento, ela definitivamente volta a ser um dos garotos. Katy está com frequência na corda bamba entre os dois mundos. Menina levada ou moça charmosa? Mulher atraente ou jovem dama? Religiosa ou mulher pecadora? Ela quer beijar garotos ou garotas — ou ninguém? O que é digno de Deus em sua vida — sexo, música, amor ou Ele próprio? Quaisquer que sejam as respostas, ela muda tão frequentemente, quanto seu namorado em "Hot and Cold", que é propenso a mudanças bipolares de humor.

"Lost" revela um lado mais suave de Katy. Embora "If You Can Afford Me" descreva uma pessoa fria, em "Lost" ela é mais doce. Encurralada durante tempos difíceis entre acordos com gravadoras, ela fala da tentação de voltar para casa, para a segurança e o conforto de sua família, apesar de agora estar tão perdida a ponto de não conseguir encontrar o caminho de volta — o caminho desapareceu.

"I'm Still Breathing" retrata uma confusão semelhante. Sozinha em Los Angeles, Katy perde o homem que ama. Referências fúnebres transmitem o fim de seu relacionamento com Matt Thiessen, juntamente com a narração de uma doença que não tem cura. Em desespero, ela se pergunta se teve culpa — seu corpo era curvilíneo demais ou sua pele era pálida demais?

O coautor David Allan Stewart também produziu a música anterior de Katy, "All I'm Selling is Sex", mas em "I'm Still Breathing", ele retornou às músicas sombrias e trágicas pelas quais ficou famoso. Ele descreveu a música como "a única realmente triste e melancólica no álbum".

"Fingerprints" é outra das primeiras músicas de Katy que exterioriza sua frustração por trabalhar na Taxi ganhando pouco mais do que um salário mínimo. Ela sugere um estilo de vida sórdido na estrada da fama, pedindo esmolas nas ruas de Los Angeles e "negociando favores por baixo dos panos" com o objetivo de conseguir dinheiro suficiente para pagar por um lugar para dormir.

Ela foi composta em parceria com Scott Cuttler, que havia trabalhado anteriormente com a música "Listen", de Beyoncé, e ficou famoso por suas canções sentimentais dramáticas. Nesse tema, Katy fala sobre arranjar coragem para tomar o controle de sua própria vida e se tornar a estrela que sempre sonhou. O enredo é semelhante ao de "When I Grow Up", do The Pussycat Dolls, e da música "The Fame", de Lady Gaga, mas o desejo de Katy por reconhecimento assume um tom mais sinistro.

Mesmo assim, o álbum encerra com uma mensagem positiva, com "I think I'm Ready", na qual ela trata de abrir seu coração para receber o amor verdadeiro — o grande romance com o qual ela sonhava desde a infância. Liricamente, quando era mais jovem, Katy havia prometido entregar sua vida a Deus e dedicar-se à Sua palavra, mas agora ela estava dizendo aos pretendentes que eles nunca conseguiriam a chave de suas calcinhas, a menos que pagassem por ela. Ela havia se transformado de uma freira em uma prostituta e, mais uma vez, por meio de suas músicas. Katy era um poço de contradições — do jeito que ela gostava —, mas como a mídia trataria sua estreia no *pop*?

Primeiramente, Katy enfrentou acusações de plágio. A artista *country* Gretchen Wilson havia lançado um álbum com o mesmo nome apenas um ano antes, com letras como: "Eu sei que não me pareço muito com uma dama, mas preciso de alguém para cuidar de mim" — exatamente os sentimentos de Katy. Isso levantou uma dúvida: seria Katy apenas mais uma rebelde da música *country*, produzida no estilo de Avril Lavigne, e com a intenção de chocar os espectadores com sua transformação de anjo em prostituta? Seria ela apenas mais uma boa cristã que tinha ido pelo mau caminho?

Glen Ballard pensava diferente. "Ninguém conseguiu o que ela estava prestes a conseguir", ele insistiu. "Ela tinha talento, personalidade, humor, estilo. As pessoas não sabiam o que fazer com tudo isso."

Katy teve de se defender de mais críticas do *AllMusic*, que a rotulou como alguém sem talento e que queria apenas chamar atenção. "A prostituta de vinte e quatro anos de idade está cantando com o desespero de uma estrela de casa noturna com o dobro de sua idade", o *site* declarou. "Ela é uma mistura profana dos gritos estridentes de Alanis Morissette e da frieza de Britney Spears em seu auge." A crítica chegou a sugerir que, devido a suas ligações com compositores que haviam escrito músicas para ambas as artistas, ela era meramente um produto manufaturado sob o controle de seus produtores.

Mesmo com os diretores da empresa coçando as mãos ao pensar nos lucros, o *site* disse que talvez Katy fosse a pior de todas as concorrentes. "Todos os profissionais atribuem a *One of the Boys* um apelo exagerado", a crítica continuou, "mas há poucas dúvidas de que sua personalidade revoltante se deve a Katy Perry, que destila todas as coisas repreensíveis acerca da era de *The Hills* em um álbum. Ela humilha seu namorado com assédio *gay*, beija outra garota, mesmo não gostando de garotas, bebe até cair, fala palavrões com naturalidade e troca favores por baixo dos panos — sua personalidade de jovem selvagem depravada é um artifício planejado para obter a fama que ela tanto deseja."

A *NME* foi ainda menos cortês, atribuindo ao álbum três pontos em um máximo de dez. "Perry não é genuinamente polêmica, mas sim mais uma mulher ambiciosa que teve uma infância religiosa", declarou. "Assim como Beyoncé e Christina, está claro que ela se sente profundamente apaixonada pelos holofotes, e não pelo cristianismo." E acrescentou: "Esse álbum é horrível. Ele é tão mundanamente maligno quanto pisar em um cocô ou ser picado por uma abelha... Se você tem qualquer interesse em de fato apreciar um álbum, não compre este".

Apesar dessas decepções, ela recebeu elogios da revista *Uncut*, que a enalteceu, "Gwen Stefani deve estar nervosa", e do apaixonado *Blog Critics*, que declarou: "*One of the Boys* é 12 faixas de puro êxtase *pop*... Ele deixa no chinelo o lançamento tão comentado de Madonna. Não há uma única música ruim no disco".

Enfim, embora a *NME* a tenha rejeitado como uma prostituta *pop* manufaturada, o *Blog Critics* reagiu, escrevendo: "Em uma indústria contaminada por grupos corporativos de produção em massa, Katy Perry sobressai como um farol em alto-mar".

Com certeza, o mar se agitaria para Katy quando — apenas três dias após o lançamento do álbum — ela participou do maior festival *punk* anual dos Estados Unidos.

The Warped Tour foi um circuito de dez semanas pelo país levando incansavelmente a música *punk* para as massas. Katy disse ao *INK19*: "Vários de meus amigos estão em bandas, viajam duzentos dias por ano e estão morrendo de ataques cardíacos aos vinte e cinco anos. Nós gostaríamos de ir aonde somos bem-vindos, e não o contrário".

Potencialmente, entretanto, esse era o tipo de turnê "ataque cardíaco" que Katy havia mencionado — e uma coisa era certa, não era lugar para uma menina que inspirava seu estilo em Lolita.

Muitos dos fãs que compareceram tinham certa agressividade para liberar e ansiavam por um som *punk* pesado —, mas o que eles receberiam era Katy piscando seus cílios de forma faceira, vestindo roupas cor-de-rosa e cantando músicas românticas. Não era um ambiente exclusivamente masculino — Hayley Williams, cantora do Paramore, famosa por seus cabelos, havia sido a estrela do *show* do ano anterior. No entanto, ela havia proporcionado um *rock* mais pesado, algo que faltava seriamente em Katy. Suas piadas sarcásticas podem ter agradado, mas ela ainda estava vendendo um *pop* meloso. Além disso, sua plateia não reagiria de uma forma boa.

Compreensivelmente, Katy não tinha certeza se The Warped Tour era o melhor para sua música. "Estou com muito medo, porque há um bando de garotos naquela turnê e não um bando de mulheres", contou a *AZ Central*. "Também pensei comigo mesma: sou uma garota *pop* em uma grande gravadora e tenho a oportunidade de fazer algo tão legal, quanto The Warped Tour, em vez de ter que abrir o *show* de algum cantor horrível."

Era uma faca de dois gumes para Katy, pois ela seria apresentada a um público maior, mas também corria o risco de ser vaiada no palco. Mesmo com cem bandas *punk* distribuídas em dez palcos diferentes, talvez houvesse espaço para todos.

Apesar de suas dúvidas e da obsessão por seu cheiro, Katy entrou no espírito do evento. Ela declarou: "Estou assustada porque fiquei sabendo que não se pode tomar banho todos os dias, por isso levarei lencinhos umedecidos aonde quer que eu vá. Se você estiver vindo para The Warped Tour, por favor, traga-me frascos de perfume. Haverá muitos garotos, muitos garotos mal-cheirosos, mas será bastante divertido. Estou empolgada".

Além disso, apenas oito anos antes, sua ídola Gwen Stefani havia subido no mesmo palco com o grupo No Doubt. "Espero tentar e, de certa forma, me colocar na situação dela no Warped e, dez anos mais tarde, ter um marido incrível, dois filhos e dominar o mundo", Katy sorriu. "Gwen Stefani participou da turnê no ano 2000 e ela estava fabulosa, saltando no palco com seus pequenos vestidos de bolinhas. Com certeza, vou canalizar isso."

Katy abria os *shows* com uma cambalhota, parecendo uma adolescente *pin-up* glamorosa — e quase invariavelmente atraía gritos de alegria da plateia. Ela estava com suas cores de guerra, suas saias de bolinhas como parte do tributo ao No Doubt que ela havia prometido, blusas em tom pastel e cintos com corações. Era difícil imaginar como Katy, que tinha suas roupas inspiradas na versão cinematográfica de *Lolita*, de Stanley Kubrick, se adaptaria o suficiente para ser aceita por milhares de fãs de *rock* exigentes. No entanto, sua aparência enganava. Sob o estilo cafona, Katy combinou o bom humor infantil com uma determinação corajosa e brutal que não se encontraria em um homem de negócios típico, muito menos em uma criança. Ela queria provar suas habilidades de sobrevivência aos roqueiros, parecendo sensacional ao mesmo tempo.

Havia certa divergência em relação ao seu visual inspirado em harajuku no estilo da Oreskaband — um grupo de *ska* japonês formado apenas por mulheres. Elas poderiam ser uma boa companhia para Katy, visto que, potencialmente mal adaptadas da mesma forma à turnê, poderiam compartilhar seu estilo cafona — uma raridade em um *show punk* — e consolar umas às outras se seu comportamento *pop* fosse vaiado no palco.

A banda cantava integralmente em sua língua nativa e, assim como Katy, não tinha medo de exibir seu belo visual. De acordo com um blogueiro, as seis adolescentes "cantaram incessantemente músicas alegres que agradaram até mesmo aos espectadores tatuados e com cabelo moicano".

Katy esperava se tornar tão contagiante quanto elas, explicando à revista *Chron*: "Estou ansiosa para provar às pessoas que, apesar de eu ser uma artista *pop* em uma grande gravadora, sou legítima. Eu toco meu violão e a banda entra no embalo, e quero ganhar o respeito de todas as pessoas que estão lá". Apesar de Oreskaband estar lá para consolá-la, caso fosse necessário, fracasso era uma palavra que não estava no vocabulário impulsivo de Katy.

Ela havia planejado cuidadosamente uma estratégia para qualquer um que a desrespeitasse: "Eu aceno e digo: 'Olá, inimigos!'. Depois sorrio e dou uma risada bem longa!".

Ela continuou contando à *Chron*: "Acho que The Warped Tour é um desafio e um teste para mim. Estou carregando alguns dos meus próprios equipamentos. Ando oitocentos metros até o local, assim como todo mundo. Não há um serviço de carrinho de golfe. A umidade torna a respiração difícil em alguns momentos. Há poeira. Não podemos fazer a passagem do som. Se eu conseguir fazer isso, acho que posso participar de qualquer outra turnê".

De alguma maneira, Katy havia feito um simples festival *punk* parecer tão difícil quanto atravessar o deserto Kalahari sem água. Talvez ela estivesse praticando para se tornar uma diva à frente de seu tempo. Viver algo maior era definitivamente seu plano, como ela acrescentou: "Espero fazer esta turnê no futuro e que nós possamos ter valores de produção mais altos e eu possa realmente ouvir o que estou cantando!".

Ela poderia sonhar com uma turnê glamorosa, mas por ora estava feliz em deixar suas fantasias em segundo plano. Apesar de seu suprimento abundante de perfumes, roupas bonitas e lencinhos, ela se tornaria um dos garotos. "Tenho machucados em minhas pernas", contou Katy, empolgada, à *Rolling Stone*. "Foi por causa daquelas calças que eu usei. Estou saltando dos monitores e dando chutes no ar ou tentando acompanhar esses garotos. É divertido. Outra banda entra no palco antes de mim e geralmente é uma banda pesada com uma área no palco do tamanho de um circo e eu tenho todo o equipamento cor-de-rosa e um violão rosinha. Definitivamente, não estou ficando para trás, mas estou me machucando.

Katy sobreviveu à turnê abastecida a testosterona levando duas companhias femininas consigo. A dupla não só a distraiu com um senso de humor sarcástico o suficiente para conquistá-la, como também, segundo Katy, fez com que sua ovulação permanecesse intacta.

Assim como a companhia feminina, Katy também tinha um novo interesse amoroso, Travis McCoy, que também estava tocando na The Warped Tour com sua banda Gym Class Heroes. Ela o havia conhecido em um pequeno estúdio de gravação em Nova York, onde eles compartilharam o mesmo produtor. Entretanto, não houve faíscas inicialmente. "Nós não prestamos muita atenção um no outro porque estávamos muito concentrados em concluir as músicas, mas no fim da minha viagem — logo quando cheguei a Nova Yorke não conhecia ninguém — eu pensava assim: 'Por favor, meu Deus, alguém me chame para sair'. Então fiz com que ele me chamasse para sair", ela contou ao *Alloy*.

Seu papel de mulher dominante encantou Travis, que já estava fisgado. "Eu me apaixonei no momento em que ela entrou na sala", ele recordou. "Ela é uma garota que exige atenção. Eu não tenho cartas na manga, portanto decidi: 'Vou apenas ignorá-la.'"

Isso só aguçou ainda mais seu vício por atenção. Em uma noite regada a bebidas, os dois acabaram "dançando e se beijando na pista de dança". Depois se envolveram em um relacionamento a distância, em que ambos viajavam com regularidade entre Nova York e Los Angeles — e Katy sentiu que The Warped Tour era a oportunidade perfeita para reforçar seus laços e começar a namorar formalmente. "Vamos namorar", ela disse a ele. O gesto foi romântico ou era apenas um namoro de conveniência? Só o tempo diria.

No entanto, ela o achou útil quando queria se defender de seus admiradores *punk rock*. "Meu namorado tem 1,95 cm e é cheio de tatuagens, por isso os garotos não me dão muita atenção", ela disse ao *Digital Spy*. "Eles estão é muito assustados!"

Enquanto isso, Katy se via na situação desconcertante de compartilhar a conta com seu ex-namorado. Matt Thiessen também estava na turnê com sua banda, Relient K. Sua posição não era nenhuma surpresa — *The New York Times* declarou: "Exceto por suas letras devocionais, a banda soa como qualquer outra banda de *rock* sem vínculo religioso".

No entanto, Katy cantaria "Thinking of You" e "I'm Still Breathing" — odes ao seu relacionamento com Matt — na frente dele, antes de retornar ao seu novo namorado logo após deixar o placo.

Circulavam rumores de que não só Katy havia namorado Matt, como também havia tido um flerte com o guitarrista da banda dele,

Matt Hopes. Talvez as histórias sobre suas aventuras sexuais fossem apenas boatos sem fundamento, mas elas contribuíram para alguns momentos desconfortáveis.

Katy preencheu seu tempo durante esses momentos complicados conferindo as outras bandas da turnê. Ela até pulou no palco com o cantor de *rock* cabeludo Andrew WK, uma experiência que ela descreveu como "a melhor coisa da minha vida". Ela contou à *Rolling Stone*: "Só havia espaço para mais ou menos vinte e cinco pessoas no palco, mas havia cento e vinte e cinco pessoas lá. As pessoas estavam levantando a camisa, mostrando a barriga, pulando do palco em cima do público. Foi como Sodoma e Gomorra".

Com todas as referências bíblicas de Katy, estava claro que, mesmo se a garota fosse retirada do Cinturão Bíblico, o Cinturão Bíblico não poderia ser retirado dela — mesmo na atmosfera *punk rock* quente e úmida de The Warped Tour.

Na parte canadense da turnê, ela teve uma experiência ainda mais divertida. "Eu estava comendo alguma coisa no restaurante com minha banda. Lá estávamos e notei que os garçons tinham uma frase nas costas da camisa que dizia: 'Eu já beijei mais garotas do que Katy Perry'. Esta foi a coisa mais sem sentido que eu já vi na minha vida. Eu fiquei pensando: 'O que está acontecendo? Quem fez isso? É uma piada? Estou em uma pegadinha?'. Quando vejo coisas como aquela, penso: 'O que eu fiz?'" ela contou sorrindo à *Digital Spy*.

Katy já estava se tornando um nome conhecido. Ela seduziu os Estados Unidos, cidade por cidade, até o fim de sua turnê no dia 17 de agosto. Uma das críticas finais que ela recebeu foi de um blogueiro entusiasmado: "Katy Perry é uma anomalia nessa turnê por diversas razões: ela é mulher, ela é uma cantora *pop* e tem uma música que passou o último mês entre as primeiras no *ranking* da *Billboard*", ele começou com ceticismo. Mesmo assim, admitiu: "Apesar de uma blusa azul-petróleo, *shorts* combinando e um cabelo perfeito, ela esteve à altura, chegou ao palco como uma estrela do *rock* e comandou sua banda com arranjos mais pesados, abusando do violão em suas músicas. Quando ela encerrou com seu grande sucesso, os garotos cantaram com ela e várias garotas subiram nos ombros deles". Nesse dia, essa não foi a coisa menos *punk* que aconteceu.

De fato, esse foi um elogio para Katy — e definitivamente a aprovação pela qual ela tanto esperou. Mesmo com uma sombrinha rosa e um unicórnio rosa gigante como adereços do palco, The Warped Tour a estava aceitando como ela era. No entanto, foi do incidente no restaurante que ela mais gostou — a forma perfeita para encerrar a turnê.

Depois das longas semanas de acampamento, Katy estava mais do que pronta para saciar seu desejo por *glamour* — e não havia um lugar melhor para isso do que o *Video Music Awards* de 2008, no dia 7 de setembro. Apesar de seu praticamente anonimato alguns meses antes, ela foi indicada para cinco prêmios — Melhor Artista Revelação, Melhor Direção de Arte, Melhor Cinematografia, Melhor Edição e Melhor Vídeo Feminino para "I Kissed a Girl". As indicações foram como uma banana aos críticos que acreditavam que suas músicas haviam feito sucesso apenas por causa das polêmicas. Katy queria provar que não era uma trapaça, mas sim uma animadora — e, além disso, ela também era uma artista expressiva por mérito próprio.

Embora não tenha tido sucesso naquela noite, os VMAs foram especiais por outro motivo — Katy encontrou pela primeira vez o homem que viria a se tornar seu marido, o apresentador da premiação, Russell Brand, comediante britânico que quase não era conhecido nos Estados Unidos naquela época. Ele estava iniciando sua carreira na América, assim como Katy, exibiu no espetáculo uma série de piadas que são sua marca registrada.

Katy foi incluída em uma piada quando ele apresentou "I Kissed a Girl": "Meu Deus! Eu me inspirei tanto com a mensagem da música de Katy Perry que atualmente estou usando nove batons por dia e meu pênis nunca esteve mais hidratado!", ele brincou.

Russell declarou posteriormente ao *The Sun* que precisou conter o desejo de fazer um comentário que poderia destruir uma carreira durante a cerimônia, mas parecia que ele já havia feito isso, uma vez que seus comentários foram ficando cada vez mais escandalosos ao longo da noite.

Os Jonas Brothers eram cristãos evangélicos devotos com um passado semelhante ao de Katy, com um pai pastor e uma mãe dona de casa que os havia educado em casa para evitar influências prejudiciais. Todos eles usavam anéis de castidade, prometendo abster-se do sexo até o casamento. Também não ingeriam álcool. Russell não podia dizer o mesmo — e um pouco de vinho tinto apenas ativava sua criatividade. Quando subiu ao palco, ele encontrou a maneira perfeita para ridicularizá-los.

Segurando um anel, ele exclamou: "Muito bem, Jonas Brothers! Deus abençoe esses garotos! Caso você não esteja entendendo, cada um dos Jonas Brothers usa um anel de castidade para mostrar seu compromisso com Deus! Eu os levaria mais a sério se eles os usassem em seus órgãos genitais!".

Ele acrescentou: "É um pouco ingrato poder ter relações sexuais com qualquer adolescente no mundo, mas eles não querem! Eles não o farão! É como se o Super-Homem decidisse não voar para salvar pessoas em um ônibus. Ouçam, rapazes, é realmente uma forma muito estranha de controlar uma banda de garotos!". Em sua segunda referência a Katy naquela noite, ele gargalhou: "Vocês verão Katy Perry cantando 'Like a Virgin' e os Jonas Brothers apenas fingindo!".

Seus comentários sucederam um episódio de *South Park* que retratou os irmãos como hipócritas, vendendo a mensagem de pureza para torná-los ainda mais atraentes sexualmente. Uma sátira apresentou adolescentes gritando de forma histérica e se esfregando em cadeiras enquanto cantavam suas músicas sobre esperar até o casamento. Depois, os irmãos apareceram em um programa de TV matinal e ouviram de um apresentador admirador: "É bom que essas garotas possam assistir a um *show* que não trate de sexo. Parece que, no *show* desta noite, vocês jogarão espuma branca sobre as garotas na plateia".

Um menino no desenho animado, ao ouvir sobre um anel que permite que casais fiquem juntos sem ter relações sexuais, perguntou: "Isso não é chamado de anel de casamento?". Talvez Russell tenha se inspirado no episódio de *South Park*.

Em um de seus *shows* de comédia em Nova York, Russell trouxe o assunto à tona: "Os anéis de castidade e a virgindade dos Jonas Brothers podem, na verdade, ser uma jogada de *marketing* cínica, utilizando o filósofo Michael Foucault, que dizia que, na sociedade vitoriana, a repressão da sexualidade era apenas mais uma forma de trazer a sexualidade ao primeiro plano da nossa consciência. É uma técnica de *marketing*. Ao dizer que os Jonas Brothers são virgens, você não consegue parar de pensar neles fazendo sexo!".

Embora seus comentários tenham recebido uma reação calorosa na noite de comédia, a reação nos VMAs familiares foi bastante hostil. A vencedora do *American Idol*, Jordin Sparks, subiu ao palco dez minutos depois e desafiou: "Não é ruim usar um anel de promessa, porque nem todos — rapazes ou moças — querem ser vagabundos". Até Paris Hilton, famosa por seus vídeos pornôs, defendeu os irmãos, dizendo: "Eu não os critico. Isso é algo legal para um garoto, portanto, não os critiquem por isso".

Momentos mais tarde, Russell se desculpou enfaticamente, mas se meteu em mais problemas. "Eu tenho de me desculpar", ele disse à plateia. "Isso foi um erro meu. Eu não tinha a intenção levar isso a sério. Eu amo os Jonas Brothers, acho que eles são muito bons. Não quero irritar fãs adolescentes, ao contrário. E ao dizer o contrário, não quero dizer que gostaria deixar as fãs adolescentes relaxadas..." Russell estava, intencionalmente, enfiando-se em um buraco ainda maior.

Ele acrescentou: "Anéis de promessa, eu entendo, muito bem pessoal... Mas um pouco de sexo ocasional não faz mal a ninguém".

Um blogueiro americano, decepcionado, o atacou, argumentando: "Ele é um indivíduo desprezível que teve seu cérebro danificado pela vida dura. Ele faz Amy Winehouse parecer elegante. Nós não queremos esse balde de lodo aqui nos EUA".

Algumas reações foram de indignação e revolta, apesar de outros espectadores terem achado suas piadas bastante engraçadas. Talvez surpreendentemente, Katy foi uma dessas pessoas. Logo depois, ela disse à *Rádio BBC* que havia se apaixonado por ele. "Eu conheci Russell Brand, por quem estou apaixonada", ela revelou. "Eu o amo, ele é maravilhoso. Ele tem o pior senso de humor no melhor sentido possível."

Na verdade, Katy tinha suas próprias piadas sobre castidade. Ela disse à imprensa: "Eu realmente fiz um voto de castidade este ano — não vou beijar ninguém, apenas meu gato Kitty Purry."

Levando em conta seu passado religioso, diversos jornais acreditaram que ela estava falando sério. Mais tarde, ela desfez o mal-entendido esclarecendo para o *Beliefnet*: "A propósito, aquilo foi uma piada e qualquer bom jornalista teria entendido a piada. Eu não serei uma celibatária. Apenas procurarei o homem certo, mas, por favor — celibato por um ano inteiro? Eu preferiria morrer".

Além de suas piadas, que ele considerava afrodisíacas para as mulheres, Russell também havia abordado Katy na noite dos VMAs e ficou muito feliz ao saber que ela definitivamente não era celibatária. Ele vinha rondando alvos potenciais para uma participação especial em seu próximo filme, *O pior trabalho do mundo*. O papel envolveria beijá-lo, então ele estava procurando celebridades sensuais do sexo feminino. Seus critérios? Não era a capacidade de atuar ou a presença de palco que ele buscava — ele apenas pediu que elas fossem lindas, e Katy se encaixava no perfil.

Ele encheu Katy de elogios, os quais ela aceitou com certas restrições — afinal de contas, na mesma cerimônia, ele prometeu engravidar Britney Spears e declarou que Christina Aguilera era "o objeto perfeito". Seriam seus comentários misóginos ou apenas brincadeiras galanteadoras? De qualquer maneira, Katy estava prestando pouca atenção, pois sabia que a dose dupla de seu humor seria dirigida a todos naquela noite.

Mesmo assim, ela entendeu seu humor inteligente, ao contrário de muitos outros americanos. Russell era a réplica inglesa de Eminem, que havia feito um *rap* sobre engravidar as Spice Girls, além de se gabar dizendo que transaria com Jennifer Lopez mesmo se ela fosse sua mãe e acusou Christina Aguilera de infectar outros músicos com doenças sexualmente transmissíveis. Russell foi controverso e, embora alguns americanos achassem suas piadas tão atraentes quanto tocar uma cerca elétrica, Katy se encantou por elas.

Além disso, mesmo Katy sendo comprometida, havia problemas no paraíso. Começaram a aparecer rachaduras em seu relacionamento com Travis quando ela repreendeu furiosamente um grupo de garotas nos bastidores do VMA, que tinham se atrevido a flertar com seu namorado. Segundo testemunhas, ela gritou: "Por que vocês, vagabundas, não desaparecem daqui?".

Travis nervosamente desviou seus olhos de todas as mulheres pelo resto da noite, talvez um pouco sob o domínio de Katy. Russell estava desesperado para ocupar o lugar de Travis, mas teve de se contentar com a amizade de Katy.

Não há dúvidas de que, numa primeira impressão, eles eram completamente diferentes. O passado turbulento de Russell o mostrava como um mulherengo, ex-usuário de heroína, *crack* e cocaína, viciado em sexo e desprovido de moral, além de abordar temas controvertidos sobre sexo, política e religião em público. Os pais de Katy ficaram horrorizados, pois ela estava o mais longe possível de seus ideais religiosos, mas Katy aceitou despreocupadamente seu convite para participar do filme.

Depois disso, ele sumiu de seu radar por um tempo quando ela partiu para a próxima fase de sua turnê em uma de suas cidades favoritas, Londres. Na verdade, passou-se quase um ano antes de os dois se encontrarem de novo e, nesse meio tempo, Katy estava totalmente focada em seu próximo *show* — em um *pub* sombrio conhecido como The Water Rats, no dia 10 de setembro, para apenas duzentas pessoas.

O *pub* onde ela fez sua estreia no Reino Unido estava superlotado e cheirava a álcool e suor. A área vizinha era o coração da parte leste de Londres — não era a primeira parada do itinerário de nenhum turista. Apesar disso, ela levantou a cabeça esperando que esse fosse apenas o começo e um passaporte para coisas melhores.

Sua atitude positiva funcionou e Katy já havia seduzido as garotas. Uma admiradora no *site* sobre músicas *Get Glucky* falou, emocionada: "Eu sei que o que vou dizer soa como uma coisa completamente vulgar, mas Katy Perry é muito gostosa. É difícil não notar".

Katy bajulou suas admiradoras, provocando-as ao fazer uma falsa ligação para sua mãe durante o *show*. "Mãe, eu beijei uma garota, mas o único motivo de eu ter feito isso é que ela era muito gostosa!", gritou ela em seu celular.

As mulheres que entravam no local também eram presenteadas com um batom de cereja. Talvez alguns homens metrossexuais também aceitassem um. Essa era a única coisa glamorosa no *show*, mas apesar de seu anseio por grandes acessórios e produção de alto custo, ela não precisava ter ficado nervosa. Mesmo sem o brilho e o *glamour*, sua voz agradava aos espectadores. O *Sunday Mirror* viu beleza na simplicidade de sua estrutura, elogiando: "Apoiada por uma banda com quatro pessoas, mas sem luzes sofisticadas ou cantores de apoio caros, a natureza despojada do *show* deixou sua bela voz *pop* brilhar".

Ainda houve elogios à sagacidade de Katy, que correspondia ao sentimento britânico. "Katy claramente tem senso de humor e não se leva muito a sério, algo que em geral falta nas cantoras *pop* americanas", continuou a crítica. "Katy estava efervescendo com energia, demonstrando uma cordialidade travessa e uma relação audaciosa com a plateia." O maior elogio de todos foi a sugestão de que Katy se transformaria de uma jovem fascinada pelo estrelato em um *pub* de Londres em uma artista completamente madura em Wembley algum dia.

O *Evening Standard* ficou do mesmo modo impressionado: "Sua apresentação vibrante mostrou a qualidade de uma verdadeira estrela e ela poderia agradar a uma plateia dez vezes maior do que esta. Não havia necessidade de um talento tão grande como este ter uma estreia tão insignificante em Londres".

Katy correspondeu ao amor de Londres, gritando: "Obrigada pelos elogios, tem sido muito complicado! Eu amo esta cidade e quero prosperar aqui". Os fãs que esperavam do lado de fora do *pub*, desesperados para conseguir um ingresso, mostraram quão rapidamente sua fama havia crescido. Seu ônibus gigante da turnê quase diminuiu o *pub* que ficava ao lado. Os organizadores ficaram perplexos em como poderiam colocar uma personalidade tão grande no evento.

Bem longe do monte de críticas que ela havia recebido nos meses anteriores, a única pergunta que todos se faziam era por que uma artista que ficou em primeiro lugar na parada musical britânica durante as últimas cinco semanas estava fazendo seu primeiro *show* em Londres em um espaço minúsculo no fundo de um *pub* e cobrando apenas £7,50.

CAPÍTULO 7

O FIO DA NAVALHA

O sucesso de Katy continuou com o lançamento do segundo *single*, que teve êxito instantâneo.

Sua voz de *rock* suave capturou a angústia de The Pretty Reckless, os tons melancólicos da banda No Doubt e a própria essência de Courtney Love nas músicas lentas. O vídeo era igualmente animado, dando a Katy a oportunidade de correr atrás de seu parceiro com um grupo de damas de honra segurando tacos de *baseball*. O objeto de sua fúria? Um marido com fobia de compromissos que a rejeitou no altar segundos antes de se tornarem marido e mulher. Entretanto, tudo está bem quando termina bem, e seu noivo acorda de seu sonho rebelde e, ao contrário, leva-a ao altar.

O *single* invadiu as paradas, conquistando o segundo lugar na Alemanha, considerando apenas os *downloads* pela internet. Chegou ao número 1, onde permaneceu por oito semanas consecutivas. Também chegou ao topo no Canadá, conquistou o terceiro lugar nos Estados Unidos e o quarto lugar no Reino Unido.

Enquanto seu *single* subia nas paradas, Katy participava de sua primeira turnê australiana. Em Sydney, no dia 10 de outubro, ela pulou em cima de um dos alto-falantes, levantou sua saia, deixando a calcinha à mostra, e gritou: "Agora vocês conseguiram sua foto!". Quando o *AllMusic* disse que Katy não tinha limites para chamar a atenção, não estava exagerando.

Talvez o objetivo de Katy fosse entusiasmar os homens entediados na plateia. Acreditando que eles haviam sido arrastados até lá contra sua vontade por suas caras-metades, ela brincou: "Vocês devem me odiar, mas podem conseguir transar hoje se disserem: 'Sim, querida, eu vou ao *show* de Katy Perry com você!'. Então, é melhor vocês se mexerem!". Foi uma introdução perfeita para a música "If You Can Afford Me", embora, neste caso, ela estivesse insinuando que suas fãs se venderiam por um ingresso para o *show* de Katy Perry — o melhor show na cidade.

Menos de uma semana depois, no dia 16 de outubro, Katy passou a ser o centro das atenções novamente — mas desta vez no lado oposto do globo, ao cantar no *Latin America MTV Awards*, no México. Amante dos holofotes, ela estava com um vestido esvoaçante enorme, do tipo visto em *My Big Fat Gipsy Wedding**. Além disso, apesar de suas andanças intensas, ela ainda tinha energia suficiente para fazer travessuras.

Ao terminar a apresentação de "I Kissed a Girl", Katy estava planejando pular de cabeça sobre uma torta gigante, mas o desastre aconteceu quando ela escorregou no açúcar de confeiteiro cor-de-rosa, quase perdendo uma de suas frágeis sapatilhas de balé. Com o rosto vermelho e o corpo coberto de doce, ela saiu voando pelo palco — uma saída, de fato, memorável. Intencionalmente ou não, Katy sempre conseguia levantar multidões. Na verdade, os espectadores compararam a cena a uma Alice no País das Maravilhas morena caindo no buraco do coelho.

Ao regressar ao Reino Unido, Katy teve uma surpresa desagradável: seu rosto estava estampado em todos os tabloides britânicos, em meio a uma onda de desaprovação. Na fotografia ofensiva, ela estava segurando um canivete automático. A sessão de fotos de 2005, a qual Katy achava estar completamente esquecida, havia acontecido mais de três anos antes para promover seu álbum malfadado com a Columbia. O CD nunca havia chegado às prateleiras e as fotos haviam sido descartadas — ou pelo menos era o que ela achava.

---

*N. do E.: Série da televisão inglesa sobre casamentos ciganos.

Terry Richardson, o homem responsável pela sessão, era um fotógrafo com reputação de quem não respeitava os limites. Um veterano em retratar a sexualidade de todas as formas, ele havia convencido grandes modelos a posarem nuas para sua câmera. Também não tinha medo de explorar elementos de violência. Foi em uma sessão de fotos feita por Terry que Amy Winehouse esculpiu casualmente o nome de seu marido em sua barriga com um caco de vidro. A imagem, originalmente destinada à revista *Spin*, tornou-se manchete em todo o mundo.

Terry não se chocava com nada. Possuía um charme persuasivo, um instinto criativo incomum e um senso aguçado de maldade. Combinado com Katy, a dupla travessa não tinha limites — e agora o rosto de Katy estava estampado no jornal *The Sun* segurando uma faca perigosamente perto de sua garganta. Uma fonte disse ao jornal: "A foto com a faca foi feita para dar a Katy um lado mais *sexy* e quente, mas, no fim das contas, ela não foi escolhida para seu álbum ou *site*".

O momento não poderia ter sido pior: naquele ano, a Inglaterra estava passando por uma onda de crimes realizados com facas, com mais de sessenta mortes por esfaqueamento. Tragicamente, muitas das vítimas eram adolescentes.

Assim como "Ur so Gay" havia sido lançada na mesma época em que um garoto foi espancado até a morte em Liverpool por conta de sua sexualidade, a foto com a faca abalaria pessoas na Inglaterra também. Na época em que a foto chegou às bancas de jornal, duas das músicas de Katy estavam nas paradas do Reino Unido — "I Kissed a Girl" estava na posição quatorze, e "Hot and Cold" logo atrás. Havia a preocupação de que uma celebridade famosa posando com uma lâmina tornaria glamorosa a cultura de portar facas. O ativista antifacas Richard Taylor, cujo filho Damilola havia sido assassinado em um conjunto habitacional no sul de Londres oito anos antes, desabafou, irritado: "Não há nada glamoroso nas facas — elas destroem famílias. Qualquer rapaz que a veja achará que é normal portar uma lâmina".

A atriz Brooke Kinsella, cujo irmão mais novo havia sido uma vítima mais recente de uma faca, declarou: "Celebridades são modelos de vida, por isso os agentes e a gravadora dela deveriam pensar nas consequências".

Entretanto, para Katy, era um mistério a forma como as fotos haviam sido divulgadas. Considerando que ela tinha um contrato com uma gravadora diferente, parecia que alguém havia lançado as fotos para impulsionar a notoriedade de Katy. Será que o lançamento havia sido programado deliberadamente para coincidir com a tendência de ataques com facas, para tornar a situação mais polêmica? Poderia ter sido ressentimento de alguém que tinha suas fotos e se sentia ofendido por seu sucesso? Nesse caso, quem era o responsável?

Katy estava publicamente arrependida e disse à revista *Now*: "Eu nunca tentei esconder nada. Sou uma garota *pop*, trabalho com a música e quero fazer as pessoas felizes". E acrescentou: "Quando vi a foto, percebi que era algo importante — principalmente para os rapazes. Estou me sentindo muito mal. Foi apenas um mal-entendido."

No entanto, com toda a tenacidade de Russell Brand tentando promover uma piada grosseira em uma sala cheia de freiras, Katy decidiu se defender, usando seu *blog*. Ela posou para uma foto com uma colher pressionada sobre seu rosto, ao lado do *slogan*: "Eu não tolero o uso de facas, mas tolero tomar um sorvete com uma colher bem grande". Depois, ela escreveu uma carta ao *The Sun*, explodindo: "Vocês merecem uma pausa. Sua abordagem 'jornalística' tem metade da essência do *The National Enquirer*. Que vergonha!".

Richard Taylor ficou desanimado e quis fazer um pedido de desculpas mais sincero. "Os rapazes viam aquilo e o consideravam algo positivo", ele disse. "Em vez disso, ela decidiu nos desafiar."

Uma fonte anônima contou: "Katy recebeu algumas mensagens muito desagradáveis pela internet depois daquele fiasco. Até Angelina Jolie deu uma faca ao seu filho quando ele tinha seis anos de idade e admitiu ter lutado com facas com seus namorados, apesar de dizer que quer ser uma mãe responsável. Por alguma razão, com toda essa loucura acontecendo ao seu redor, Katy acabou sendo alvo de todo o ódio pelo que estava acontecendo na Inglaterra".

De fato, por ser considerada um mau exemplo, havia até pedidos para que ela fosse excluída do *European Music Awards*, no dia 6 de novembro, que havia aceitado apresentar naquele ano. No entanto, Katy não sentiu necessidade de se desculpar. Ela disse ao *Alloy*: "Eu via a indústria musical e não via nenhum movimento de artistas do sexo feminino que se sentissem culpadas, que tivessem algo a dizer".

Outro comentário revelou exatamente o tipo de atitude que estava guiando seu comportamento. "Eu não estou aqui para ser um modelo de personalidade a ser seguido", contou à revista *YRB*. "Estou aqui para fazer parte do *rock'n'roll*. Fazer parte do *rock'n'roll* significa ter atitude, ser *sexy*, ser diferente e não me sentir culpada, a menos que eu faça algo errado. Eu admiro pessoas como Joan Jett, Pat Benatar, Freddie Mercury e Cyndi Lauper. Se as pessoas querem um modelo a ser seguido, elas têm Miley Cyrus."

Uma fonte improvável de apoio foi Matthew Turner, o jornalista cristão que a havia entrevistado durante sua época como Katy Hudson. "Nós todos somos seres humanos em desenvolvimento", ele contou. "Vivemos, crescemos, cometemos erros e aprendemos — a única diferença com Katy é que ela está fazendo isso diante dos olhos do público."

Embora não tenha mostrado nenhum arrependimento pela brincadeira com a colher, ela conseguiu participar do *EMA*, passeando em cima do palco com um batom de cereja para a felicidade dos dez mil espectadores na *Liverpool Echo Arena*.

Pode até ter sido um evento europeu, mas estava dominado por artistas americanos, com Pink, Britney, Beyoncé e Katy. Obviamente, todas elas passaram a ser o centro das atenções. Katy provou isso ao aparecer com um vestido amarelo-vivo estampado com o rosto do Presidente Obama na frente — apenas um dos doze modelos que ela vestiria naquela noite. Outro traje foi um terno cor-de-rosa com uma echarpe de plumas personalizada com as letras de seu nome, seguido de um vestido multicolorido com um carrossel complementando a saia, uma fantasia de banana e um traje que era metade vestido e metade terno. Katy estava provocando os espectadores com a ambiguidade — ela era uma garota ou, na verdade, um dos garotos?

Entretanto, suas tentativas de vestir roupas do sexo oposto foram pouco em comparação à recepção que ela teve quando recebeu o prêmio de Melhor Artista Revelação. Apenas um ano antes, ela era praticamente uma novata que agarrou com todas as suas forças a oportunidade de gravar um álbum. Agora, estava recebendo prêmios e viajando pela América do Sul, pela Europa e pela Austrália. No entanto, Katy também estava se tornando cada vez mais desbocada conforme sua fama aumentava, disparando mísseis verbais em diversos alvos.

Ela brincou dizendo que sonhou que estava beijando Miley Cyrus e que ficaria feliz em reviver o famoso beijo entre Britney e Madonna para tentar impulsionar sua carreira, mas depois desdenhou o ato, dizendo à mídia que ela era apenas mais um exemplo do *pop* sem originalidade. O próximo alvo na lista de mísseis foi a sensação musical britânica Lily Allen.

A discussão havia começado alguns meses antes quando o blogueiro de fofocas sobre celebridades de Hollywood, Perez Hilton, publicou citações, supostamente provenientes de uma fonte na indústria, sobre ela. "Lily Allen está irritada com a Capitol", a citação dizia. "Ela acha que eles a deixaram de lado para focar toda sua energia na nova garota do momento, Katy Perry." A citação também indicou que o salão principal do escritório tinha uma foto emoldurada de Lily que fora substituída por uma foto de Katy. Perez acrescentou: "Ela é conhecida atualmente mais por ser um trágico desastre do que uma profissional da música. Ela sabe disso e isso deve doer – ha ha ha ha!".

Lily respondeu que a Capitol era sua distribuidora, não sua gravadora, e que ela nunca tinha ouvido falar em Katy Perry antes de ler o *blog*. "Nem todo mundo tem sua vida alimentada por ego e inveja", ela escreveu. "Eu leio nesse *site* mensagens sobre campanhas anti-*bullying* e todas essas boas causas e, embora eu gostasse de ler o *site* dele, parece-me que está se tornando o que tanto odeia — um valentão. Ele intimida mulheres jovens e bem-sucedidas. As pessoas geralmente intimidam aqueles dos quais sentem inveja, portanto vou deixar que vocês tirem suas próprias conclusões."

Será que os comentários de Hilton foram alimentados por inveja? Chris Anokute tinha dito ao *Hit Quarters* que Katy dominava a atenção da empresa, afirmando: "Eu tentei contratar mais talentos, mas a verdade é que a empresa estava tão focada em Katy que era difícil dedicar-se a qualquer outra coisa".

No entanto, uma falha crucial no argumento de Hilton era seu histórico. No ano anterior, ele havia divulgado a falsa notícia da morte do presidente cubano Fidel Castro. Quando veio à tona que Castro estava vivo e bem, ele descreveu a história como o maior erro de sua carreira. No ano seguinte, chegou a dizer que a notícia sobre a morte de Michael Jackson era uma "jogada publicitária", antes de incitar sarcasticamente os fãs que haviam comprado ingressos para sua turnê de 50 *shows* na O2 Arena a pedirem seu dinheiro de volta. A mensagem foi removida pouco tempo depois e substituída por um pedido de desculpas, mas não antes de aproximadamente nove milhões de pessoas terem lido o que ele escreveu. Pode-se dizer que Hilton não tinha um bom histórico de confiabilidade em suas declarações.

Mais algumas mensagens foram trocadas entre ele e Lily, e Hilton publicou uma fotografia dela e Katy juntas, considerando-a "uma mentirosa" por não admitir que elas se conheciam. Lily se defendeu dizendo que o fato de ela ser uma celebridade significava que constantemente se esquivava de pedidos para posar para fotos, e ela ainda não conseguia recordar quem era Katy.

Aquele parecia ser o fim da disputa, até o dia em que Katy atualizou a seção de "semelhantes" em seu perfil no Myspace. Em um momento de imprudência, e que causou polêmica, ela se descreveu como uma "versão mais gorda de Amy Winehouse e uma versão mais magra de Lily Allen".

Desta vez, Lily a desafiou ao vivo na rádio do Reino Unido, reagindo: "Eu sei que Katy foi contratada como uma versão americana de mim. Ela foi contratada pela minha gravadora nos Estados Unidos exatamente assim: 'Nós precisamos encontrar alguém polêmico e excêntrico como Lily Allen'. Se você não é inglesa e não compõe suas músicas — cale-se!".

Katy foi questionada sobre isso pela revista *US*, mas desprezou suas palavras como uma piada carinhosa. "Comediantes não devem ser necessariamente levados muito a sério", ela disse. Em uma entrevista ao *The Herald Sun Australia*, ela disse: "Nós duas somos muito diferentes. Ela tem a sensibilidade serena e descontraída do *reggae*, com letras excêntricas e um ótimo senso de humor. Eu sou um pouco mais do *rock* e do *pop* e, de certa forma, das tendências. Acho que ambas oferecemos coisas diferentes. Há ressentimentos? Não da minha parte. Continuarei comprando seus álbuns. Ela está muito bem ultimamente, muito bonita".

Katy saiu de uma situação potencialmente explosiva na hora certa, pois Lily escreveu em sua página no Facebook: "Eu tenho o número de telefone de Katy Perry, alguém me fez um favor — só estou esperando ela abrir a boca mais uma vez para divulgá-lo no Facebook".

Katy estava segura — mas não por muito tempo. Em dezembro de 2008, ela foi retratada em uma cena de estupro pela cantora bissexual Amanda Palmer, vocalista da The Dresden Dolls. Juntamente com a comediante Margaret Cho, ela destruía Katy como parte do seu *show*. Uma versão virtual de Katy era arrastada até o palco, tocada, beijada e violada com um pênis artificial. Katy era então forçada a um casamento lésbico, amarrada e amordaçada, enquanto um *banner* era levantado atrás delas com as palavras: "Dane-se a Proposição Oito!", fazendo referência ao estatuto que decretava que apenas o casamento entre um homem e uma mulher era válido ou reconhecido na Califórnia.

The Daily Profaner ressaltou: "Isso atinge um novo nível de humor quando se considera que ambos os pais de Katy Perry são pastores. Nem precisamos dizer que você deve comprar o novo álbum de Amanda Palmer para que ela tenha dinheiro para continuar importunando conservadores cristãos em todos os lugares".

O estupro era um protesto político de Amanda. A Proposição Oito foi aprovada nas eleições estaduais da Califórnia em novembro de 2008, revogando decisões anteriores e proibindo o casamento entre pessoas do mesmo sexo. Apesar de Amanda ser bissexual, e não lésbica, o assunto era de seu interesse — e ela estava com raiva porque Katy parecia estar fingindo um erotismo homossexual.

Amanda escreveu em seu *blog*: "Nós nos perguntamos se ela está tirando vantagem da recente obsessão cultural bissexual de garotas que querem parecer selvagens. Alguns *gays* adoram isso, outros odeiam isso. Eu só queria beijá-la. E talvez amarrá-la com fita adesiva".

A situação foi agravada pelas ligações telefônicas que ela fez para a mãe de Katy e que se tornariam uma parte de seu *show* no palco todas as noites. Katy falava em um telefone imaginário: "Alô! Mãe? É, eu estou me divertindo. Você escutou o quê? Que eu sou lésbica? Foi apenas um beijo inocente — você também já fez isso!". Ela também se vangloriava no palco sobre "tocar os seios de uma garota". Para Amanda, beijar garotas havia se tornado um artifício, uma inovação, uma ferramenta de *marketing*.

Katy chamou atenção para a especulação ao começar uma entrevista com *Sunday Times Style* dizendo: "Antes que você pergunte, a resposta é sim. Eu realmente beijei uma garota!". Na mesma entrevista, ela continuou insistindo que se sentia atraída por mulheres, antes de acrescentar cuidadosamente que nunca se envolveria de verdade com uma mulher. "Eu olho para garotas e penso: 'Nossa, elas me excitam. O que está acontecendo?'. Eu me sinto atraída por mulheres interessantes e alternativas, mas apenas tomaria uma bebida com elas. Eu gosto de provocar!".

Amanda se opôs à descrição apenas teórica sobre sua sexualidade, escrevendo no Twitter: "Meu dueto com Katy Perry se chamará 'Eu beijei uma garota e gostei, mas quando tive de lidar com sua vagina eu não soube o que fazer".

A entrevistadora do *Sunday Times Style* chegou à mesma conclusão quando ela torceu o nariz para a ideia de ter um relacionamento lésbico de verdade. Ela escreveu: "Apesar do que ela falou, eu aposto que se uma lésbica a encurralasse em um beco escuro, ela fugiria o mais rápido que seu salto alto permitisse".

Talvez na indicação mais direta de que o lesbianismo estava beneficiando sua carreira, Katy brincou com o *Times Square Gossip*: "Se eu pudesse beijar qualquer pessoa, seria Miley Cyrus. Ela é uma garota de sorte. É legal saber que ela usa minha música como toque de celular, apesar de eu achar que ela está me traindo. Acredito que ela realmente pode fazer isso. Veremos. Ela apresentará o *Teen Choice Awards* e eu estarei no *show*... talvez tenhamos outro momento Britney-Madonna no palco. Isso seria hilário, não? Embora eu não ache que isso ajudaria a carreira Miley, mas com certeza ajudaria a minha!".

Katy com certeza sabia como fazer amigos, pois beijou de forma provocante sua entrevistadora da revista lésbica *Diva* e também deu selinhos em fãs do sexo feminino na plateia. Ela sabia como ser benquista por seus admiradores e deixou a funcionária da *Diva* exclamando que queria odiá-la por suas "músicas homofóbicas", mas que, quando a conheceu pessoalmente, foi seduzida por suas palavras encantadoras, achando-a irresistivelmente charmosa.

No entanto, será que tudo era uma grande farsa? Estariam as pessoas comprando uma ilusão vazia? Essa foi a questão que Amanda Palmer levantou. Katy disse à mídia que quase toda garota adolescente já havia beijado a melhor amiga uma ou duas vezes, sem nenhuma malícia. Neste caso, esse não seria um conceito amplamente narrável e altamente comercializável para as tendências? Ou era algo tão comum que toda a ideia pareceria estúpida? Talvez fosse apenas a música de Katy que estava cativando as massas, e não a mensagem.

Independentemente do que as mulheres pensavam, ela sempre podia contar com um público masculino apaixonado. Sua música não foi a primeira a abordar o assunto delicado de beijar garotas, mas foi a primeira a tocar nas rádios do mundo todo e a passar pela censura. Uma multidão masculina, desesperada para alimentar suas fantasias de ter companheiras lésbicas, estava quase garantida.

No entanto, essa teoria pode ter sido hostil. Será que Katy estava proibida de expressar uma simples curiosidade pelo mesmo sexo? Ela tinha de se comprometer a ser completamente heterossexual ou completamente *gay* para ser levada a sério? Afinal de contas, Amanda Palmer gostava da atenção tanto de homens, quanto de mulheres. Porém, para algumas pessoas, voltar para os garotos depois de alcançar o máximo sucesso com uma música sobre beijar garotas era quase uma ofensa criminal.

Na verdade, Katy havia sido fotografada em uma festa após seu *show* no London Scala, naquele ano, aproveitando alguns contatos íntimos com uma garota. As duas se abraçaram e se beijaram na boca — e a amiga de Katy era parecida com Agyness Deyn, exatamente seu tipo. Ela contou ao *The Times*, de forma admirada: "Ela é uma pequena Lolita *punk rock*. Rosto bonito, ombros bonitos", e agora ela estava beijando sua imagem no espelho, uma moleca com cabelo curto e aparência de duende. No fim das contas, talvez houvesse certa verdade em seu estereótipo de lésbica.

Outra dica estava na adolescência de Katy. Sua maior inspiração para "I Kissed a Girl" havia sido uma paixão, como ela disse ao *The Herald Sun Australia.* "Fiquei inspirada pela beleza e pela força imensa de uma mulher e isso pode ultrapassar todos os limites sexuais para qualquer pessoa", ela disse. "Quando há uma criatura maravilhosa entrando em um lugar, todos viram a cabeça e simplesmente apreciam esse tipo de beleza espiritual."

Todavia, aquele não havia sido o único ponto de referência de Katy. Embora ela tenha brincado, dizendo à revista alemã *Bravo* — "Eu beijei uma garota e foi como se estivesse beijando meu braço!

Não senti nada!" —, uma amiga de Katy lembrou um momento em que as duas haviam aproveitado de uma forma bem diferente.

"Katy e eu éramos amigas — não melhores amigas, mas gostávamos da companhia uma da outra", ela contou. "Ela se sentia com frequência sem rumo porque estava morando sozinha em Los Angeles e estava justamente entre uma gravação e outra. Ela ficava tão para baixo, que muitas vezes nem sentia vontade de trabalhar. De vez em quando, ela bebia, às vezes em excesso, e eu nunca hesitava em me juntar a ela."

Ela continuou: "Eu fiquei surpresa quando nosso beijo aconteceu, porque Katy sempre conversava sobre garotos — ela era obcecada por eles. Era uma amizade lenta, então nada aconteceu imediatamente, mas quando aconteceu... Katy foi lenta e sensual e eu acho que ela não estava tendo suas necessidades satisfeitas com os parceiros do sexo masculino que ela conheceu desde que se mudou para cá. Ela gostou de me beijar porque era como se ela beijasse a si mesma, alguém em sintonia o suficiente para saber com exatidão o que ela queria. Mais tarde, ela insistiu que era heterossexual, como se estivesse sentindo-se culpada. Eu não me senti assim! Não acho que ela seja totalmente bissexual, mas ela com certeza gostou. Não há limites quando se trata de sexualidade — é algo flexível por completo".

Talvez as histórias de Katy sobre beijar garotas não fossem apenas para promover seu álbum. No entanto, com toda a discussão sobre romances entre pessoas do mesmo sexo, não demorou até que o relacionamento com seu namorado, Travis, desmoronasse. No final das contas, Katy queria mais do que ele podia dar. Ela sentiu que ele lhe oferecia apenas "sexo sem sentimento" e ela queria mais do que sexo casual. Em uma tentativa de provar sua lealdade, Travis comprou um anel de compromisso para Katy, tatuou suas iniciais no dedo anelar — e, é claro, os dois haviam conversado sobre casamento. Ele mesmo trouxe o assunto à tona em uma viagem ao México como um presente de Natal — mas Katy ainda não estava impressionada.

O fato de ela estar com frequência ocupada nas turnês e envolvida com publicidade não ajudava a relação, pois ela estava em uma cidade diferente quase que diariamente. Por um lado, Travis não estava indo tão bem quanto esperava no mundo da música: seu último *single*, "Cookie Jar", caiu para a mísera 55ª posição na lista da *Billboard*. Katy, por outro lado, estava no topo dessa mesma lista. Alguns meses depois, seria anunciado que "Hot and Cold" havia sido três vezes platina, com três milhões de *downloads* vendidos apenas nos Estados Unidos.

A pressão dos vários problemas de seu relacionamento mostrou ser demais para suportar e eles se separaram no fim do ano. Travis divulgou uma mensagem cáustica em seu *blog* pouco depois, exibindo a letra do *rap* "Looking at the Front Door", de Main Source. Ele falou com raiva: "Nós brigamos toda noite, isso não é autêntico, eu me lembro com felicidade de quando éramos mais próximos, e acordar para ser cumprimentado com uma discussão novamente, você age como se tivesse dez anos".

Katy nem teve tempo para lamentar sua perda antes de voltar para a estrada mais uma vez, e seu próximo *single*, "Thinking of You", foi oportuno. Embora tivesse sido originalmente destinado a Matt Thiesen, ele se encaixava com perfeição no que ela sentia em relação a Travis.

Um vídeo havia sido filmado dois anos antes por um amigo, mas o vídeo amador não era mais suficiente agora que ela almejava um lançamento comercial. Em vez disso, um novo vídeo promocional foi produzido, no qual Katy estava de luto por causa de um amante morto na França durante a Segunda Guerra Mundial e lutava para se concentrar em seu novo romance enquanto as lembranças de seu relacionamento anterior a atormentavam. "Eu compus a música depois de me apaixonar pela primeira vez", Katy contou ao *Cleveland.com*. "Nada daquelas baboseiras de amor adolescente, mas um amor do tipo 'Nós somos jovens adultos, será que deveríamos nos casar?'. Inconscientemente, eu tinha essa luz amarela de atenção que dizia: 'Não sei se isso está certo. Ainda há muitas coisas que eu quero experimentar e realizar na vida'."

Katy havia se torturado com seus pensamentos conflitantes — tanto o desejo de voar, quanto o de se estabilizar na segurança de um relacionamento familiar e carinhoso. No entanto, como ela poderia esperar levantar voo caso se estabilizasse com um bom garoto cristão de sua infância sem reservar um tempo para experimentar alguns dos frutos mais proibidos do mundo? Não seria fácil se distanciar, mas permanecer seria igualmente difícil.

"Eu estava de fato apaixonada por aquele homem na época", ela continuou, "por isso foi muito difícil seguir em frente. Enquanto eu seguia em frente e conhecia novas pessoas, ele estava constantemente nos meus pensamentos. Eu estava comparando os novos homens com esse outro rapaz do meu relacionamento anterior e sua imagem não ia embora."

O vídeo era compatível com aquela emoção, pois canalizava uma atmosfera funérea. O *glamour* e o humor dos vídeos anteriores de Katy não estavam presentes, uma vez que ela usava um véu preto no rosto e se preparava para despedir-se de seu ex-amor no estilo do vídeo "Back to Black", de Amy Winehouse.

O vídeo, que foi lançado no dia 12 de janeiro de 2009, recebeu mais de dezoito milhões de acessos no YouTube e a música foi até regravada pelos Jonas Brothers. Apesar disso, essa música teve o pior desempenho entre as que Katy já havia lançado nos Estados Unidos, chegando apenas à 29ª posição nas paradas.

Apenas algumas semanas depois, veio outra decepção. Devido ao sucesso de *One of the Boys*, a equipe The Matrix estava entusiasmada para lançar o álbum que Katy havia gravado com eles. A reação de Katy foi indiferente — ela queria esperar até que o último *single* de seu álbum fosse lançado para evitar que as vendas fossem afetadas negativamente, mas The Matrix estava relutante em esperar e fez o lançamento em seu próprio *site* no dia 21 de janeiro.

Katy triunfou no *London's Brit Awards* no dia 18 de fevereiro. O drama por causa de suas fotos com a faca já estava esquecido por completo quando Lionel Richie lhe entregou o prêmio de Melhor

Artista Solo Internacional. O programa foi assistido por 5,49 milhões de domicílios, o que provou para Katy que a Inglaterra realmente a amava — ou pelo menos as pessoas tiveram a oportunidade de vê-la em ação para decidirem por si mesmas. Para a cerimônia, ela vestiu um espartilho da Hello Kitty em estilo *punk rock*. Apesar do gato fofinho de desenhos animados na frente, ele fazia uma alusão ao tema da escravidão, refletindo as próprias contradições de Katy. Será que ela era uma bala dura ou um caramelo suave e sentimental? O código estava se tornando cada vez mais difícil de decifrar.

No tapete vermelho, Katy usou um vestido rosa inspirado em Marilyn Monroe, mas seu sorriso escondia um segredo desconfortável: ela tinha passado mal durante a maior parte do dia. Na verdade, segundos depois de receber o prêmio, ela teve de correr para vomitar nos bastidores, mas não antes de fazer seu discurso de agradecimento. "Estou me sentindo mal, mas disseram que eu deveria vir porque algo especial poderia acontecer", ela explicou à plateia. Momentos depois, ela enviou uma mensagem a Perez Hilton, dizendo que havia "vomitado" e assinando com as palavras "*Punk rock*!".

Conforme a turnê de Katy continuava, uma nova rival apareceu em cena na forma de Lady Gaga. Sua resposta para "I Kissed a Girl" foi "Pokerface", uma música que retratava uma mulher que fantasiava sobre fazer amor com outra garota enquanto estava na cama de seu namorado e se divertia por estar enganando o rapaz, sabendo que ele era desatento. Entretanto, as fantasias lésbicas e as músicas *pop* fáceis de lembrar não eram as únicas coisas que ela tinha para oferecer. Gaga rapidamente reuniu um grande número de seguidores que se encantaram com a combinação de sua criação ítalo-americana católica e seu lado libertino, uma ex-dançarina erótica, usuária de drogas pesadas e, finalmente, uma obra de arte.

Seu estilo excêntrico combinava com o de Katy — mas será que havia espaço para duas mulheres fantasiadas no coração dos amantes da música *pop*? As duas poderiam estar competindo no quesito estilo, mas Katy começou a incorporar comida em suas roupas bem antes de Gaga estrear seu famoso vestido de carne, quando se cobriu de fatias de carne da cabeça aos pés.

Katy começou mais delicadamente, usando um vestido adornado com frutas para o *Grammy Awards* de 2009. Seu estilo se apresentou mais uma vez no *single* "Waking up in Vegas". Ela havia decidido que era um material adequado para um *single* ao seguir o conselho de seu ídolo John Mayer, que lhe havia dito que essa era sua canção favorita no álbum. Nos bastidores de um dos *shows* do cantor, dizia-se que Katy tinha levado a apreciação do músico a outro nível, uma vez que colunas de fofoca noticiaram que os dois haviam tido um "contato físico". Atração à parte, ela decidiu aceitar seu conselho.

O *single* foi lançado no dia 21 de abril, juntamente com um vídeo. O brilho e o *glamour* de uma noite de festa em Vegas logo desaparecem quando Katy acorda em um quarto de motel sujo e barato com uma terrível ressaca. Ela tornou-se vítima do destino de muitos dos visitantes, perdendo a maior parte de seu dinheiro após um jogo ambicioso de pôquer. Katy e seu namorado foram expulsos do quarto e do hotel por roubarem comida de uma bandeja do serviço de quarto. No fim das contas, os dois voltaram ao ponto de partida: sem dinheiro e infelizes em uma lavanderia nitidamente sem *glamour*.

Entretanto, em contraste direto com a destituição financeira, as roupas eram decadentes. "Tenho de admitir que uma das minhas coisas favoritas eram essas roupas", Katy contou ao *Cleveland.com* sobre o vídeo. "O famoso Bob Mackie escolheu três ou quatro desses trajes, que são de sua coleção *vintage*. Ele desceu do depósito para encontrar minha estilista e disse: 'Quero muito fazer parte disto'. Ele escolheu o chapéu, as luvas e o vestido — todo o conjunto. Era um traje dos anos 1980 ou 1970. Quem sabe? Cher pode ter vestido aquilo."

Foi um retorno à normalidade para Katy, que atingiu a 19ª posição no Reino Unido e a 9ª posição nos Estados Unidos. A música também marcou um recorde de vinte milhões de acessos no YouTube.

Evidentemente, expressar-se por meio do brilho e do *glamour* era o que fazia Katy ter mais sucesso.

Sua posição nas paradas foi reforçada por uma aparição no *American Idol*, onde cantou a música vestida como Elvis. Em uma atitude inesperada, ela compartilhou seu apoio ao seu cantor favorito no *show*, Adam Lambert, bordando o nome do jovem na capa que ela estava vestindo. "Eu não podia acreditar que ela se importava tanto", disse um espectador. "Quem teria pensado que Katy Perry tinha tempo para ouvir um mero amador e ainda mais para fazer um apelo público para ele por meio de suas roupas? Talvez ela se lembre de como foi bom quando sua própria música foi elogiada por Madonna, fazendo todo o esforço valer a pena."

As roupas de Katy estavam se tornando sua principal forma de expressão. No The Life Ball, em Viena, um evento anual organizado para arrecadar dinheiro para portadores da AIDS e para combater o HIV, ela provou isso mais do que nunca. Ela se encaixou perfeitamente no evento da alta sociedade, que também contou com a presença do ex-presidente Bill Clinton, até o momento em que ela desceu do teto do local em uma concha gigante.

The Mail noticiou: "A cantora parecia inspirada por uma mistura fascinante da Pequena Sereia com o *Nascimento de Vênus* [pintura de Botticelli]. Depois, tirou seu vestido com cauda, mostrando um traje brilhante de peça única que deixou muito pouco para a imaginação".

O pequeno *collant* cor da pele estava enfeitado com uma estrela-do-mar e outras criaturas marinhas. O evento, realizado no dia 16 de maio, obteve elogios que a descreveram como mais bonita do que a convidada Pamela Anderson. Os organizadores esperavam arrecadar mais de um milhão de euros, que dariam aos portadores pobres de AIDS acesso a remédios que prologam a vida. Como sua roupa de sereia foi transmitida em jornais por todo o mundo, Katy fez sua parte.

Na noite anterior, em uma festa, ela havia vestido um macacão apertado, como uma película aderente, deixando admiradores de boca aberta —mas ela ainda não tinha terminado. No dia 30 de maio, compareceu ao *Video Music Awards* no Japão vestindo a roupa mais escandalosa de todas. Enquanto cantava "I Kissed a Girl", ela agitou dois ventiladores de papel antes de retirar de forma sedutora seu quimono, revelando um *collant* bordado com fileiras de *sushi*. Katy queria apreciar a herança cultural do Japão de uma forma única — incorporando-a a um *striptease*. Seu bronzeado dourado, batom preto e cabelo negro brilhante com franja longa podiam fazer Katy ser confundida com uma nativa. Sua roupa provocou muitas gargalhadas na plateia, mas esse foi o mesmo *collant* que ela usou para receber o prêmio de Melhor Vídeo *Pop*.

Apesar de suas viagens frenéticas e da tendência em colocar o trabalho em primeiro lugar, Katy acabou reatando com seu ex-namorado, Travis, mas a reconciliação não durou muito tempo. Travis disse, emocionado, ao *The Mail*: "A separação foi horrível. Eu continuo pensando como seria péssimo se eu tivesse de passar por isso novamente. Estávamos indo rápido demais. Eu fui imaturo com toda aquela situação. Agora, é só alegria. Estou feliz e muito apaixonado".

Lamentavelmente, ele falou cedo demais e, naquele mesmo mês, o casal se separou de vez. Katy profetizou seu próprio destino, dizendo à revista *Loaded*: "Ainda estou disponível e poderia ter um namorado inglês". Com a intenção de fazer um cumprimento paquerador, ela mal sabia que isso se tornaria realidade.

CAPÍTULO 8

A CORUJA E A GATA

Russell Brand realizou seu desejo, pois Katy manteve a promessa de aparecer em seu novo filme, *O pior trabalho do mundo* — afinal, ela não era uma principiante no mundo do cinema — seu tio por parte de mãe, Frank, havia sido produtor e diretor cinematográfico em Hollywood e sua tia Eleanor havia trabalhado como roteirista. Consequentemente, havia uma pitada de drama no DNA da família e Katy aproveitou a oportunidade de se juntar aos seus parentes.

Não foi ruim o fato de o papel exigir um beijo técnico — a paixão juvenil de Katy do ano anterior ainda não havia sido esquecida. O rapaz de quem ela gostava estava fazendo o papel de protagonista, representando um roqueiro descontrolado e com uma queda por drogas pesadas e sexo de risco. Uma carreira em colapso, acusações de estupro, filhos ilegítimos, contrabando de drogas, fãs excessivamente empolgadas e um ataque de fúria ao estilo de Amy Winehouse eram apenas alguns dos problemas que esperavam por ele — em muitos aspectos, algumas pessoas podiam dizer que, na verdade, Russell não estava atuando.

No entanto, essa era a oportunidade de beijar artistas do mundo da música que realmente requereria alguma atuação. Ele estava à procura de artistas *pop* do momento para a cena e Christina Aguilera havia sido uma forte candidata, como ele contou ao *The Sun*: "Christina foi maravilhosa! Ela foi inacreditável — um objeto perfeito. Como alguém consegue conversar com ela sobre alguma coisa que não seja sexo?". Ele ficou decepcionado quando teve de reduzir as cenas de beijo com *pop stars* a apenas duas, mas escolheu Pink e Katy Perry.

"Eu pude beijar as duas no mesmo dia", ele se gabou. "Pink é uma mulher adorável — poderosa e sexy." Entretanto, foi Katy quem de fato chamou a atenção de Russell. "Ela é o tipo de mulher que desce as escadas sutilmente", ele recordou. "Com ambas, eu não atuei — a atuação parou."

A química foi mútua. "Minha cena exigia que eu o beijasse e, enquanto eu descia as escadas após a cena, eu estava saltitando como um coelho!", Katy contou a *Glamour*. "Eu saltito como um coelho quando estou feliz. Fico um pouco infantil. Ele me dá aquele nervosismo da véspera de Natal."

Mas a fantasia durou pouco, pois Katy logo teve de voltar para a estrada, retornando a Londres para um *show* no Shepherd's Bush Empire, no dia 31 de julho. No entanto, talvez um pouco do humor de Russell a tivesse infectado, uma vez que ela perguntou a adolescentes na plateia: "Quem está aqui acompanhado pelos pais hoje? Eu me sinto bastante influente neste momento crucial da vida de vocês", antes de insistir que eles gritassem palavras "indecentes" na frente de seus pais.

Seu comportamento não tinha nada em comum com aquela adolescente que havia expressado ansiedade ao deixar os fãs tristes por ser um mau exemplo, sentindo que era responsável por mantê-los no caminho certo. Parecia que Katy finalmente havia afastado sua neurose e agora se sentia bem sendo ela mesma.

Quando uma fã jogou no palco um bicho de pelúcia de Bagpuss, ela o arremessou de volta, perguntando com o nariz torcido quem iria querer "um gato tão gordo".

Sua sagacidade foi reconhecida pelo *The Observer*, que fez uma crítica entusiasmada: "A verdadeira magia de Perry está no que muitas cantoras deixam a desejar: sua personalidade. Perry, aos 24 anos, ainda é uma adolescente rude — lacônica, com um humor mordaz e um nível de atrevimento visto somente na última fileira de uma sala de aula... Eu posso não ter ficado tão encantado por ela desde o início, mas realmente gostei dela".

Katy também impressionou no festival Chelmsford V, onde entreteve uma plateia de 20 mil pessoas ao aparecer no palco rodeada por flamingos cor-de-rosa. Seus adereços incomuns e seu comportamento de princesa *pop* se destacaram bastante entre as bandas independentes e de *rock*. Até a *NME*, que havia rotulado Katy como a mulher mais mal vestida por dois anos seguidos em suas premiações, teve algo positivo a dizer: "Ela vestiu uma calça brilhante e *sexy* maravilhosa, do tipo que você provavelmente nunca veria os jovens do Snow Patrol usando, e todo o espetáculo é muito mais divertido do que um grupo de garotos sem graça tocando seus violões". A crítica também contestou a opinião de que ela tinha mais estilo do que conteúdo, rebatendo: "Se não estamos aqui para nos divertir, então por que estamos aqui?". Na verdade, Katy com certeza conseguia divertir as pessoas e se esforçava para fazer isso.

Após o Festival V, ela pegou um avião para visitar a Austrália, seguido por um voo de vinte e seis horas para a Escócia para fazer um *show* no Barrowlands de Glasgow. Sua agenda cheia estava começando a desgastá-la e, assim como Amy Winehouse havia feito no mesmo aeroporto dois anos antes, ela atacou a equipe de seguranças. Entretanto, foi um ataque verbal, e não físico, provocado por um pedido para checar cinco malas abarrotadas com seus figurinos para a viagem. Depois, ela insinuou que os funcionários mal pagos e que trabalhavam em excesso podem ter ficado com um pouco de inveja do seu *glamour* e *status* de celebridade e estavam desesperados para dificultar sua vida. "Eu juro que me sinto como gado quando tenho de passar pela segurança do aeroporto", ela escreveu. "Eles odeiam sua vida e com certeza nos odeiam. No último voo, quando tive de passar pela segurança pela terceira vez, perdi a calma."

Embora ela adorasse seu trabalho, as viagens constantes tinham suas desvantagens. Ela estava se sentindo cada vez mais pressionada, mas a única coisa pela qual estava ansiosa eram os *VMAs* que estavam por vir. "Estou tão empolgada, porque você pode vestir todo tipo de coisa louca", ela disse, entusiasmada. "Não é como qualquer outra premiação em que você tem de ser popular e bonita. Eu poderia ir vestida como um gato se eu quisesse — ou simplesmente um morango."

Além do mais, Katy encontraria mais uma vez o homem que vinha cobiçando. Uma roupa bem elaborada poderia valer a pena. Eles tinham se beijado, mas os dois mal se conheciam — e isso era algo que Russell estava determinado a mudar. No entanto, naquele dia, Katy foi mais rápida do que ele. Durante os ensaios para a cerimônia de Nova York, ela andou em direção a ele e, brincando, arremessou uma garrafa de plástico exatamente na cabeça dele.

Russell ficou atônito. Ele estava acostumado a estar no controle em relação às mulheres e, desde que sua carreira decolou, vivia rodeado por fãs adoráveis e que estavam dispostas a satisfazerem todos os seus caprichos. No entanto, aqui estava uma mulher que o desafiou e o menosprezou, uma mulher forte, inteligente e divertida, que se orgulhava de ser uma comediante tão boa quanto ele. Para ele, era uma profissão; para ela, uma forma de arte, e o insulto ocasional foi essencial para o desenrolar da história.

Ela até havia zombado que ele era um alvo fácil devido ao seu "cabelo ridículo". Mesmo com o orgulho ferido, Russell rapidamente respondeu, dizendo que a pontaria de Katy era impressionante para alguém cego o suficiente para vestir um "suéter ridículo como aquele". Uma série de insultos se seguiu, Katy estigmatizando-o como um "travesti preguiçoso" e Russell alegando que ele com certeza era feminino em comparação a ela. No entanto, os dois concordaram que Katy havia vencido a discussão.

Para provar que vestia calças, Katy subiu ao palco com elas. Russell, que estava apresentando o evento pelo segundo ano seguido, apresentou-a quando ela cantou a música "We Will Rock You", do Queen.

Algumas de suas piadas podem não a ter impressionado naquela noite. Ele insultou o país em que ela vivia, comparando-o ao Reino Unido e afirmando: "Em vez de 'truck', nós dizemos 'lorry'. Em vez de 'elevator', nós dizemos 'lift'. E em vez de deixar pessoas morrerem nas ruas, nós temos plano de saúde gratuito". Ai! — mas o que era uma ofensa divertida feita de um comediante para outro?

Russell também brincou que estava "tentando transar" com Lady Gaga, apesar de, no final da noite, voltar sua atenção para a pessoa que ele realmente queria. "Katy Perry não ganhou um prêmio e está hospedada no mesmo hotel que eu, e ela vai precisar de um ombro para chorar", Russell brincou. "De certa forma, eu sou o verdadeiro vencedor desta noite."

Seus comentários foram ridicularizados como uma ousadia sem sentido, mas na festa de Lady Gaga, após a premiação, sua previsão se tornou realidade. O hedonismo estava no ar desde o início, Gaga dançava sobre os sofás luxuosos e cantava ao som de suas próprias músicas. Ela pode ter fingido ser ferida fatalmente durante a performance de "Paparazzi", mas — celebrando seu propósito — ela estava bem e renascida dos mortos. Em meio a todo o caos, escondidos em um canto, estavam Katy e Russell — e, segundo testemunhas, estavam se beijando apaixonadamente.

No dia seguinte, depois de ir embora, Russell enviou à sua nova amada um poema de amor e implorou para que ela lhe enviasse outro como resposta. Como é uma mulher de poucas palavras, a resposta de Katy foi simplesmente enviar uma fotografia de seus seios desnudos com a palavra "POEMA" escrita neles com batom. Ela acertou o alvo — Russell não conseguia parar de rir.

Apesar de suas insinuações, se ele estivesse esperando transar com ela, estava prestes a se decepcionar. Katy pode ter sido bastante sensual e provocante, mas, sabendo da reputação de Russell, aquilo não era nada. Em vez disso, ela exigiu um jantar, que foi rapidamente seguido por uma viagem espontânea à Tailândia. Embora ele estivesse fazendo de tudo por seu romance com ela, Katy continuou dizendo que não haveria sexo.

Posando como um psicólogo amador, Russell afirmou que geralmente manipulava as mulheres na intimidade, elogiando-as. "Todo mundo tem dentro de si um pouco de insegurança", ele contou ao *The Sun*. "Se você ajudá-las a superar isso reconhecendo como são bonitas, é quase impossível que elas não transem com você."

Se seu histórico fosse analisado, provaria que sua técnica funcionava — mas não com Katy. Autoconfiante ao extremo e segura, ela não era tão facilmente influenciável. Naquela fase de sua carreira, ela não era insegura e não precisava ser tranquilizada. Ela teve sucesso onde Katy Moss havia fracassado por não ceder à tentação de Russell. "Você consegue imaginar a sensação horrível que ele teve, uma vez que estava acostumado a ter tudo o que queria?", Katy perguntou ao *Esquire*.

Por ironia, sua atitude de se fazer de difícil o fez desejá-la ainda mais — rejeição sexual era uma novidade no mundo de Russell.

Os dois começaram a namorar oficialmente, embora tenha havido alguns contratempos. No mesmo dia em que Katy chegou a Londres para vê-lo, no mês de outubro, ficou sabendo que ele estava divertindo duas mulheres em Hampstead. Estava claro que ele ainda não havia se acostumado com a monogamia. Alguns meses antes, ele havia prometido, a todas as mulheres com quem começava a namorar, que tentaria ser fiel e que a influência delas em sua vida havia "curado" seu vício por sexo, mas descumpriu a promessa alguns meses mais tarde.

Considerando que ele havia mencionado ao *The Sun* que passaria por feitiços para ser "profundamente devoto e celibatário", antes de voltar para sua antiga forma de ser, isso se tornou uma desculpa desgastada para as mulheres que desconfiavam de sua reputação. Poderia Katy de fato esperar que o maior mulherengo da Inglaterra se mantivesse fiel?

Havia outras diferenças entre eles que não prediziam coisas boas para seu relacionamento. Katy não gostava de encontros casuais, e Russell era o rei desses encontros. Ela disse à revista *Complex* que romances passageiros eram "nojentos", exclamando: "Paquerar é a melhor coisa do mundo, mas quando se trata de compartilhar seus fluidos corporais com uma pessoa que você não conhece, eu dispenso. Nojento! Mesmo sendo saliva, entende? Algumas pessoas não escovam os dentes!".

Entretanto, Russell estimava já ter dormido com mais de duas mil mulheres. Seus casos amorosos tornaram-se tão famosos na Grã Bretanha, que certa vez o *The Sun* criou uma linha de comunicação direta especialmente para descobrir os segredos de suas conquistas amorosas.

Mesmo em Los Angeles, sua reputação era conhecida. Enquanto fazia compras em um de seus lugares favoritos, Katy foi abordada por um fã que intimou: "Você e Russell já fizeram testes de DSTs? É a coisa mais sensata a fazer. Há muitas coisas acontecendo por aí e seu companheiro tem feito sexo a torto e a direito!".

Katy pode ter sido vista como hipócrita, pois primeiro expressou sua aversão a beijar estranhos e depois beijava publicamente alguém que, em termos de trocar saliva, era o devasso mais conhecido do momento. Seria ela capaz de lidar com as reações adversas?

Havia também a perspectiva de Russell como pai. Katy havia dito entusiasmada que ele seria um "paizão", mas o único bebê com o qual Russell já havia praticado suas habilidades de pai foi seu gato, ao qual ele sempre dizia, brincando: "Papai está ocupado", e ia se masturbar.

Ainda havia um pequeno problema com os pais de Katy, que esperavam que ela se casasse com um "homem de Deus" bem-comportado. Para alguém que se considerava um ateu e fazia piadas sobre religião com regularidade, Russell não se encaixava no perfil.

A respeito do relacionamento, a mãe de Katy contou ao *The Sun*: "Quantas vezes seus filhos já o decepcionaram tão profundamente que você teve vontade de se levantar da cadeira e dar-lhes uma surra?". Sua reação não parecia estar de acordo com o cristianismo, mas ela havia ficado claramente irritada com ele e continuou: "Esta é a garota que compôs músicas como 'Jesus Heals The Blind Eye', ou 'Faith Won't Fail' — e essa mensagem eu passo para ela agora mesmo: a fé não falha!".

Russell não era exatamente o genro ideal, mesmo para pais mais liberais. Ele havia sofrido uma depressão grave e suspeitava que tinha distúrbio bipolar desde os onze anos de idade. No decorrer de sua juventude, também sofreu de bulimia, passando mal todos os dias. Essa rotina se desenrolou por três anos, mas ele não recebeu muito apoio de sua família. A reação de seu padrasto? Um pedido para que ele parasse de entupir os canos com seu vômito.

Ele substituiu um mau hábito por outro quando começou a se machucar fisicamente. Sua mãe estava se recuperando de um câncer e seu pai ausente — o qual abandonou a família quando ele ainda era um bebê — não passou muito tempo com Russell durante seu crescimento. No entanto, certa vez ele sugeriu que se reaproximassem em uma viagem à Tailândia, onde havia levado seu filho para se divertir nos vários bordéis de Bangcoc. Dizia-se de que ele havia perdido sua virgindade com uma prostituta com o auxílio de seu tio.

Isso abriu caminho para que Russell iniciasse sua fase de mulherengo, possibilitada por seu crescente sucesso como jovem apresentador de TV e comediante. Ele também não era nenhum desconhecido para as drogas, dizendo certa vez: "Aos dezesseis anos, comecei a fumar algumas coisas e a beber bastante. Comecei com muita maconha, depois passei para a anfetamina e muito LSD, muito *ecstasy* e muita cocaína, até que finalmente acabei com muito *crack* e heroína". Ele ficou viciado até no medicamento controlado Ritalina, assim como o ex-namorado de Katy, Travis.

Os próximos anos de sua vida foram passados em um turbilhão de drogas, sexo e *rock'n'roll*. Ele havia até satisfeito um *gay* em nome de uma pesquisa para sua série de comédia e parece que a única perversão sexual à qual ainda não havia sucumbido era a pedofilia. Todo o restante — incluindo relacionamentos com grande diferença de idade e sadomasoquismo — era retratado em seus *shows* polêmicos. Assim como a música "Smooth Operator", de Sade, alertava, Russell era um daqueles homens ocidentais complicados que não eram indicados para iniciantes ou corações sensíveis — mas talvez ele estivesse disposto a mudar.

Parecia não haver limites para sua promiscuidade — sua última parceira o havia flagrado convidando garotas para realizarem sexo a três logo após a ter mandado fazer compras com a mãe dele —, mas Katy esperava conseguir sucesso onde sua rival havia fracassado. Secretamente, ela estava gostando do desafio.

O momento era perfeito, visto que os compromissos da turnê de Katy estavam diminuindo. Russell a encontrou em Paris no mês de outubro para a semana de moda e eles continuaram desenvolvendo seu relacionamento lá. Entretanto, se ela estivesse esperando flores e chocolates, teria se decepcionado — uma noite romântica no mundo de Russell envolvia um passeio pelo cemitério local.

Os dois visitaram o túmulo do cantor Jim Morrison, cujos excessos como estrela do *rock* fizeram com que terminasse afogado em uma banheira. Teria sido esse exemplo uma metáfora para a morte do estilo de vida maluco de Russell? De fato, ele escreveu mais tarde no Twitter: "Eu desliguei minha famosa banheira hedonista... Fiz isso pela mudança climática. Em todos os sentidos".

Enquanto isso, Katy escreveu, empolgada, em seu Twitter: "Estou em viagem amorosa". Na mais clara indicação de seu romance até o momento, Russell acabou com a especulação quando disse a um grupo de jornalistas, do lado de fora de sua casa, que estava completamente apaixonado por ela.

O casal era inseparável e Russell encontrava Katy até no estúdio. Ela tinha agendado para fazer um registro de ideias para a continuação de *One of the Boys*, mas, com a companhia de seu amado, as coisas não saíram como planejado. Ele acabou recitando o poema do século XVIII, *The Owl and the Pussycat*, de Edward Lear, em um microfone, enquanto Katy cantava vigorosamente o refrão. "Russell era a coruja porque é sábio e, bem, é óbvio, Katy é uma gata, não é?", contou uma fonte ao *The Sun*.

No entanto, nem todos estavam de acordo com o romance. Katy até perdeu a oportunidade de aparecer no disco *Plastic Beach* da banda Gorillaz. Um membro da banda, Murdoc Niccals, disse à *BBC*

6 Music: "Ela tem estado atrás de uma vaga de convidada há muito tempo, mas eu tive de recusá-la. Não, eu não poderia trabalhar com uma mulher que estava com Russell Brand o tempo todo". Em uma ofensa adicional direcionada ao namorado de Katy, ele insistiu: "Eu não trabalharia com ninguém que não admiro".

Sem perder o ânimo por causa dessa reação, Katy apresentou Russel aos seus lugares favoritos em Los Angeles, incluindo a famosa casa noturna H Wood. Lá, ela e uma amiga o provocaram com uma amostra da ação lésbica artificial e excitante que já havia trazido tantos problemas para ela naquele ano. Russell pode ter dado um adeus afeiçoado ao seu passado difícil, mas, com Katy ao seu lado, seu futuro nunca seria entediante.

No dia 25 de outubro, ele foi à festa de aniversário de 25 anos de Katy. No ano anterior, Katy havia usado um bigode e uma fantasia de Freddie Mercury, mas neste ano o tema prometia ser mais feminino e glamoroso. Instruindo todos os convidados a vestirem roupas brancas, Katy os surpreendeu com uma noite da Fantástica Fábrica de Chocolates, completa com doces e pirulitos gigantes, e os cobriu com uma tinta néon.

O restaurante Beach on Sunset, em Los Angeles, transformou-se na famosa fábrica de chocolates de Willy Wonka naquela noite, e os convidados, incluindo a estrela *country* Taylor Swift, apareceram cobertos de comida e tinta. Russell tentou proteger Katy das câmeras quando entravam no carro para ir embora, mas o olhar furioso em seu rosto quando ele levantou o braço coberto de tiras de tinta multicolorida foi muito engraçado. Até Perez Hilton aprovou a festa, escrevendo em seu *blog*, no dia seguinte, que havia sido "épica". Melhor ainda, o mundo não viu o último tema infame de doces de Katy — ele não era reservado apenas para festas de celebridades de qualquer gênero.

No dia 5 de novembro, Katy foi convidada a apresentar o *European Music Awards*, em Berlim. Ela havia decidido ficar algum tempo longe de sua imagem feminina, caracterizada pelo vestido de frutas de

2008, e, em vez disso, inspirou-se no musical *Cabaret*. O *show* que ela estava planejando era mais maduro, sofisticado e sedutor e se baseava na era burlesca dos anos 1930 em Berlim.

"Este ano, as frutas azedaram", ela anunciou — isso poderia ter acontecido após um ano de ausência e uma mudança de destino — "e o tema está mais sombrio, mais *sexy*, ardente e romântico, talvez com uma pitada de sadomasoquismo."

Aquilo prometia excitar Russell. Entretanto, o destaque da festa para ele foi quando ela vestiu uma roupa íntima nas cores vinho e azul, as cores de seu time de futebol americano favorito, o West Ham United. A roupa foi produzida inteiramente pela equipe de camisetas oficiais, mas ela a customizou, escrevendo o nome de seu amado, Rusty, na parte de trás da calcinha.

Russell, encantado, prometeu levá-la a uma partida de futebol e não conseguiu resistir à oportunidade de fazer uma piadinha, escrevendo em seu Twitter: "Não, eu não vou levá-la ao Arsenal!".

Ele dominou a coluna de entretenimento do *The Sun* naquele dia, divulgando uma foto de Katy vestindo a calcinha com o nome Rusty e ironizando: "Um homem menos nobre poderia dizer: 'Não é a primeira vez que eu decorei o bumbum dela'". Talvez não fosse a melhor maneira de agradar os pais da mulher com quem ele queria se casar, mas ele continuou fazendo referência ao vídeo do *MTV Unplugged* que estava por vir. "Será magnífico, mas eu não quero que as pessoas pensem que eu estava conectando sua parte desconectada", ele brincou.

Uma conversa semelhante havia sido um ponto de desavença entre o ícone de moda de Katy, Dita Von Teese, e seu ex, Marilyn Manson, quando ela implorou para que ele parasse de fazer declarações sobre sexo anal entre eles no rádio. Mas Katy perdoou as indiscrições de Russell — na verdade, o casal estava tão apaixonado que Katy, normalmente focada na carreira, recusou participar de um programa de rádio importante com Chris Moyles para ficar com ele. Ela queria passar o fim da noite em Londres com o homem que amava.

Em seguida, veio o momento que Russ mais temia — conhecer a família. Depois de alguns dias separados, ele viajaria para o *resort* de esqui Ischgl, na Áustria, onde Katy se apresentaria para celebrar a temporada de inverno — e seus pais estariam lá para inspecioná-lo.

Ele teve de explicar as inúmeras insinuações sexuais que havia feito — e não fazia muito sentido negá-las, uma vez que a maioria havia se tornado pública. "A primeira vez que eu me voltei contra Russell foi durante os *VMAs*, quando ele falou sobre o buraco da minha filha", seu pai declarou mais tarde. "Eu não entendi muito bem."

Enquanto isso, um Russell nervoso estava tendo uma conversa profunda com os pais de Katy. "Eles são como refugiados dos anos 1960", contou ao *The Guardian* sobre seu primeiro encontro. "São muito religiosos, levam a religião a sério, mas o pai dela usou muito ácido. Ele nasceu de novo depois de quase estar em um processo de vadiagem." E acrescentou, com admiração: "A mãe de Katy foi para Berkeley, em São Francisco, para um *show* do The Doors e dançou com Jimi Hendrix. Eles não estão me julgando severamente como protestantes Quaker, eles gostam de mim de verdade."

Ao saber que Russell estava fazendo o máximo para melhorar, o pai de Katy, Keith, presenteou-o com uma cópia de seu livro *The Cry*, uma história de despertar espiritual e de um encontro com Jesus. Talvez por ele já ter tido uma vida fora de controle, sabia de onde Russell vinha. Também lhe deu um ursinho de pelúcia com a frase "Quando minha aveia se transformou em farelo?". Inspirado, Russell disse: "Agora a coisa mais importante na minha vida é a recuperação."

Katy também disse algumas palavras encorajadoras ao namorado regenerado. "Ele era viciado em heroína e agora não é mais", contou ao *The Guardian*. "Ele foi viciado em todo tipo de coisa e agora não é mais. E ele basicamente era uma prostituta profissional, e agora não é mais." Como ela se sentia em relação a essa transformação? "Ele é um extremista, o que pode ser bom ou ruim. Eu sempre precisei de alguém mais forte do que eu, e olha que eu sou uma tremenda mulher."

Russell concordou, dizendo que foi justamente por ela ser tão exigente que acabou conseguindo colocá-lo em seu lugar. "Eu costumava tratar mal as mulheres, mas realmente estou tentando melhorar", contou ao *The Mirror*. "Não há mentira nem enganação. É uma sensação boa... Eu amo Katy de uma forma muito pura. Ela é uma pessoa bonita, divertida, gentil e meiga, mas é muito exigente. Na maior parte do tempo, ela é racional e difícil. É muito divertido. É fácil ser um idiota, mas agora eu tenho uma mulher que não tolera isso."

Ele continuou dizendo que havia cometido um erro ao buscar uma pessoa para ser amado pelo desejo — mas, em Katy, encontrou o que estava procurando. Ele tomou coragem e contou a Katy sobre toda a sua reputação, incluindo alegações de que ele havia controlado um harém com dez mulheres, mas ela não se afastou. "As primeiras semanas foram difíceis, pois eu dizia a Katy: 'Você sabia que eu não estou saindo com mais ninguém? Sabia que eu parei com esses encontros?'. E ela falava assim: 'Isso é bom, eu também'. Isso não é elogio suficiente!", ele exclamou ao *The Sun*. "Aqui estão as estatísticas do que eu teria feito nas últimas duas semanas — olhe em um gráfico a mudança de comportamento!"

Katy revelou a ele que sempre esperava monogamia. "Você tem de ser [fiel]", ele continuou, talvez um pouco cabisbaixo. "Esta é uma das realidades sobre a instituição do matrimônio. Recentemente, minha esposa me explicou que se deve ser fiel e eu não tenho problemas com isso. Estou muito, muito apaixonado..." Até então, tudo bem, até que ele acrescentou: "É meio estranho, não é? Porque com certeza há um compromisso. Você não pode apenas perambular pela vida que gostaria de levar, o que é uma pena, porque eu realmente poderia fazer isso. Esse é o compromisso."

Sua honestidade pode não ter sido as palavras que Katy esperava ouvir, mas Russell não tinha um referencial de casamento. Ele havia perdido sua unidade familiar tradicional no momento em que seu pai foi embora, quando ele ainda era um bebê, além de ter perdido sua virgindade com uma prostituta. Contudo, em um gesto louvável, ele estava levando a sério o conceito de monogamia e estava tentando mudar de vida.

Para Katy, ter seduzido um devasso foi um impulso para seu ego. Ela se gabava de ter amansando o "brutamontes" que foi seu último namorado, Travis McCoy, e parecia ficar feliz quando convencia um garanhão de que ela seria sua única mulher. No entanto, ela também estava de fato apaixonada por ele. Em dezembro, Russell foi visto comprando um anel em uma joalheria e começaram a surgir boatos sobre um possível noivado. Katy provou sua persistência quando notícias alegaram que ela não estava satisfeita com nenhuma das escolhas de Russell e que queria uma joia personalizada, desenhada especialmente para ela.

Depois, ela retornou o favor, provando que não estava apenas sendo mesquinha, e comprou para o namorado um Range Rover como presente de Natal. Russell retribuiu comprando um ninho de amor multimilionário em Los Angeles, próximo ao Griffith Park.

Katy instantaneamente começou a colocar sua marca no local, transformando a garagem em um armário gigante para roupas e pintando-o de cor-de-rosa. Talvez ela não tivesse muita esperança de que Russell fosse aprovado no teste de motorista e quisesse utilizar melhor o espaço.

Embora Russell estivesse evidentemente levando a sério o relacionamento com Katy, o pedido oficial de casamento só aconteceu na passagem do Ano Novo na Índia. Os dois visitaram o Taj Mahal juntos e fizeram tatuagens iguais na parte interna do braço, dizendo "Siga a correnteza" em sânscrito.

Depois viajaram para Jaipur, onde se hospedaram no luxuoso hotel Rambagh Palace. Não se sabe o que os funcionários vestidos com perfeição e impecavelmente educados, naquele que já havia sido um palácio, pensavam sobre a honestidade impetuosa de Russell e seu corte de cabelo em forma de ninho de passarinho, mas o fato é que eles organizaram uma refeição nos jardins para os dois.

Mais tarde, seu relacionamento foi abençoado por um guru espiritual e eles assistiram à queima de fogos de artifício em cima de um elefante.

Russell lembrou o momento especial que quase deu errado: "Não é uma boa ideia estar em cima de um elefante durante uma queima de fogos de artifício, pois eles não sabem a diferença entre um apocalipse e uma véspera de Ano Novo!".

Naquele momento, Russell fez o pedido — para um novo começo. Ele escondeu o aguardado anel em um buquê de flores e, quando Katy o encontrou, ele a pediu em casamento.

O casal mais improvável de Hollywood acabava de transformar seu relacionamento em uma história de amor legendária. A última namorada de Russell havia saído das sombras, afirmando que ele nunca mudaria, mas a felicidade de Katy não estremeceu. Apesar das diferenças, cada um tinha algo que faltava no outro e que era necessário em suas vidas. O lado irascível de Russell a intrigava e o lado espiritual de Katy — algo raro em Hollywood — era exatamente o que Russell desejava para completar sua recuperação. Será que eles se conheceram na hora certa?

O pai de Katy com certeza parecia pensar assim. "Todos nós temos um passado", ele amenizou. "Ele tem um lado espiritual e agora tem uma opinião diferente sobre o cristianismo depois que conheceu Katy."

Além disso, a mãe de Katy, que havia hesitado no início, não estava mais preocupada. "Em algumas partes do livro de Russell [autobiografia *My Booky Wook*], ele expressa que realmente deseja novas influências em sua vida", ela contou ao *The Sun*. "Os dois estão procurando Deus e a verdade — e vão encontrá-los."

CAPÍTULO 9

VIVENDO O SONHO ADOLESCENTE

Katy saiu de sua bolha de amor e voltou a trabalhar quando foi chamada para ser uma jurada convidada no *American Idol*. O programa de TV, dirigido por Simon Cowell, dá a cantores promissores uma oportunidade de mostrar suas habilidades e lutar por um lugar na indústria da música. Katy ficou encantada com a oportunidade de ajudar e aconselhar os candidatos que estavam se apresentando — também foi um pouco mais glamoroso do que seus dias na Taxi. "Se tivessem me oferecido aquele trabalho como apresentadora permanente, eu largaria a minha carreira e aceitaria!", ela brincou.

No entanto, havia um lado negro em sua presença. Ela sabia muito bem, por experiência própria, o quão cruel a carreira musical poderia ser e, tendo isso em mente, prometeu ser honesta desde o início, independentemente do quão dolorosas suas palavras pudessem ser.

Ao se apresentar, ela avisou: "Sempre fui o tipo de garota extremamente honesta. Nunca coloco alguém em uma situação desagradável só porque me sinto mal". Ela também não escondeu o desentendimento que teve com a jurada Kara DioGuardi. As duas haviam sido parceiras de composição, mas Katy estava um pouco fria no programa.

O jovem promissor Chris Golightly foi apresentado com uma "história triste", pois cresceu em lares adotivos desde os 18 meses de idade. Ele cantou a música "Stand by Me", de Ben E King, e recebeu elogios dos outros jurados, em especial de Kara. "Você é o tipo de garoto que tem talento suficiente e que também já sofreu o suficiente, passou por muitas coisas na vida e por isso pode realmente se conectar com ela, e eu acho que você só vai melhorar", ela disse.

Katy discordou: "Isso não é um filme, querida. É preciso ter talento".

Quanto a poeira assentou, Kara se vingou, zombando da música "I Kissed a Girl". Humilhada pelo massacre de Kara, Katy sussurrou, com um ar de desaprovação: "Por favor, pare antes que eu jogue este refrigerante na sua cara!".

Pessoas sensíveis podem ter ficado horrorizadas, mas para o grande malvado da TV, Simon Cowell, sua abordagem franca era atraente, mas os insultos de Katy chegaram a ele também: "Por mais que ele seja um idiota, ele é muito verdadeiro, é um idiota honesto". Ele respondeu: "Ela definitivamente tem sua opinião. É uma artista agressiva e eu gosto disso".

Apesar das desavenças, Katy deu permissão para que uma música antiga que ela havia composto com Kara, "I Do Not Hook Up", fosse usada no álbum mais recente da vencedora do *American Idol*, Kelly Clarkson. Apenas alguns meses antes, em abril de 2009, seu álbum havia sido posto de lado, também contendo outra música de Katy, "Longshot". Embora ela tenha sido uma de suas rejeições, para Kelly foi um sucesso.

Ela teve a oportunidade de demonstrar sua personalidade destemida e agressiva novamente com o *single* de 3OH!3 "Starstrukk". O vídeo retrata os membros da banda masculina fugindo de um grupo de garotas nervosas que tiveram suas moedas roubadas de uma fonte de desejos. As garotas estão com raiva e são atléticas — o que não é uma boa combinação para o grupo em fuga.

Enquanto isso, Katy e seus "shortinhos" são retratados como objeto de desejo de todos, inspirando o grupo a olhar ansiosamente para ela enquanto cantam juntos em um jardim de rosas em Los Angeles. Nos Estados Unidos, a música chegou à decepcionante 66ª posição, mas em janeiro já havia subido para a terceira posição no Reino Unido — a posição mais alta já alcançada pelo grupo.

Katy teve um sucesso semelhante com o *single* "If We Ever Meet Again", lançado no dia 15 de fevereiro. Nele, fez um dueto com Timbaland, um produtor que se tornou cantor, para o álbum dele, *Shock Value*. O papel de Katy no vídeo era ser seu anjo da guarda, protegendo-o de uma fase autodestrutiva. "Ela salvou minha vida e me tirou da depressão pela qual eu estava passando, seja por drogas ou perda de peso em função da depressão", Timbaland contou à *MTV*. "A música pergunta se ela estará por perto caso eu passe por isso novamente." Isso tocou o coração das pessoas no Reino Unido, alcançando a terceira posição nas paradas e atingindo o número trinta e sete nos Estados Unidos.

O próximo grande projeto de Katy era representar a Smurfette em um filme de animação em 3D sobre os *Smurfs*. Os produtores a convidaram para participar após serem seduzidos por sua voz. "Durante 360 dias do ano, eu me sinto como um desenho animado", Katy contou à *MTV*, "então pensei que fazer parte de um seria natural."

Mas havia um problema — por mais bizarro que fosse, as crianças aparentemente inocentes do desenho eram tudo o que a mãe de Katy não queria que sua filha fosse. Na verdade, como ela foi privada de muitas coisas em sua juventude, o filme daria a Katy a oportunidade de viver uma segunda infância.

"Nunca me deixavam assistir aos *Smurfs*", ela lamentou. "Talvez porque falasse de feitiçaria ou mágica, ou talvez porque a Smurfette fosse a única personagem feminina na vila — uma vadia, basicamente. Quem sabe?", Katy disse, brincando, ao *The Toronto Sun*. "Mas dá para imaginar como minha mãe se sentiu quando eu disse: 'Ei, eu sou a Smurfette!'."

Era difícil imaginar o que era mais incomum: o temor de sua mãe a tudo o que se relacionasse aos *Smurfs* ou o fato de Katy ter achado natural representar uma personagem azul gigante de desenho animado.

Talvez para tranquilizar sua mãe aflita, Katy insistiu que desta vez não havia insinuações sexuais. "Este filme dos *Smurfs* é definitivamente destinado às crianças. Não é um daqueles filmes que trabalham em vários níveis diferentes", contou ao *The Daily Record*. "É um filme para a família."

Katy também agradou seus pais quando colaborou com a queridinha Taylor Swift em seu *show* no dia 15 de abril, no LA Staples Center, cantando "Hot and Cold" juntas. Ela também apareceu em uma série de cerimônias de premiações anuais, incluindo o *Teen Choice Awards*, onde se vestiu como líder de torcida com pompons azuis, da cor dos *Smurfs*.

Katy tinha uma agenda extremamente agitada, mas a coisa mais importante para ela, nesse período, além de seu romance com Russell, era gravar seu segundo álbum. Esse era tudo ou nada, o trabalho que ela acreditava que mostraria se ela era de fato talentosa ou se seu sucesso até aquele momento havia sido um mero engano.

Uma das primeiras músicas na qual ela trabalhou foi "Teenage Dream". Como estava prestes a se casar e deixar sua vida de solteira para sempre, ela queria olhar para trás, para uma fase de sua vida que estava chegando ao fim, e deixá-la gravada para sempre. Katy compartilhava sua obsessão por Lolita com uma das compositoras que estavam trabalhando com ela, Bonnie McKee, e essa foi a inspiração para seu trabalho. As duas começaram a trabalhar na cidade natal de Katy, Santa Barbara, o que trouxe de volta lembranças agradáveis, enquanto o álbum anterior de Bonnie, *Confessions of a Teenage Girl*, deixou o despertar da sexualidade juvenil bem vivo em sua mente.

As duas começaram a trocar ideias para uma música sobre Peter Pan e a juventude eterna, mas depois a descartaram por falta de sexualidade e emoção. Uma letra menos sutil ironizava uma garota que, envolvida pelo calor do momento, acabou virando "mãe em uma minivan". No grupo de amigos cristãos de Katy, em sua infância, os preservativos eram evitados, uma vez que levá-los consigo significaria que o sexo era premeditado. "Ninguém anda com preservativos, por isso as meninas ficam grávidas na primeira vez", Katy contou ao *Christianity Today*.

As duas experimentaram insinuações sexuais de "sedução" sob o pretexto de vestir roupas novas. Essas ideias foram inspiradas no *single* "Dress Me Up", de Madonna, que atingiu as paradas quando Katy tinha apenas um ano de idade. Porém, a ideia foi abandonada quando os produtores mostraram falta de entusiasmo e pediram que elas tomassem como base outro *single*, "Home Coming", da The Teenagers. E foi nesse momento que as coisas começaram a funcionar.

"Eu compus a música em Santa Bsrbara e foi um momento muito puro para mim, porque eu nasci lá", Katy contou ao *Celebuzz*. "Foi onde minha criatividade começou. Essa música também exala um sentimento de euforia, porque todos lembram seus sonhos de adolescente — aquelas garotas dos pôsteres na parede... E eu quero continuar sendo um daqueles sonhos eróticos dos adolescentes."

E quem era o sonho de adolescente de Katy? Embora ela sempre se apaixonasse por garotos durante sua juventude, sua fantasia feminina sempre foi Gwen Stefani. "Eu ainda a idolatro", Katy contou à *MTV Asia*. "Ela é o máximo para mim."

Quando a música ficou pronta, Katy havia capturado uma fase de irresponsabilidade feliz, de um amor viciante. Para ela, significava um momento em que todos os romances eram puros e a emoção superava a razão. Ela queria que a música capturasse a empolgação de um primeiro beijo, a emoção do "fazemos ou não fazemos?", nos primeiros relacionamentos, e a alegria imaculada do amor antes de as experiências ruins começarem a nos tornar cínicos.

"Muitas pessoas se apaixonam pela primeira vez e isso é tão intenso e avassalador e encantador, mas ao mesmo tempo é tão emotivo. No entanto, quando você cresce, pode não sentir isso novamente", Katy contou ao *The NZ Herald*. "A pessoa entra em sua vida e faz você sentir aquele amor intenso mais uma vez." Essa pessoa para Katy, obviamente, era Russell Brand.

Houve um sentimento geral de alegria quando a equipe finalmente acertou a música. "Eu não conseguia acreditar que, depois de todo nosso sofrimento com temas da juventude, tínhamos esquecido um tão óbvio: a condição de adolescente", Bonnie suspirou, aliviada. Max Martin, o mesmo homem que havia revivido os primeiros boatos de romance de Britney com "Hit Me Baby One More Time", sentiu-se da mesma forma contente. No fim, ele suspirou: "Eu gostaria de poder guardar este sentimento em um cofre!".

Embora Katy estivesse satisfeita com "Teenage Dream", seu trabalho estava longe do fim. A próxima faixa a tomar forma foi "Last Friday Night". A música poderia, com facilidade, ter sido um segundo episódio de "Waking up in Vegas", com histórias de cartões de crédito estourados, ressacas fortíssimas e aventuras de uma noite com estranhos. Outro tema em comum nas duas músicas é que, embora vivesse uma vida extravagante, Katy estava extremamente feliz.

The Hartford Courant escreveu no Twitter, em desaprovação: "Ela glorifica o fato de ficar bêbada e se comportar mal" — mas era meramente uma descrição honesta da vida de uma mulher jovem, com boas lembranças de seus percalços. Na verdade, ela se baseou em uma noite real em Santa Barbara. Tudo, com exceção do sexo a três, havia de fato acontecido.

"A música fala daqueles momentos em que você jura para Deus que nunca mais misturará bebidas, porque faz você se sentir um lixo, mas você acaba fazendo a mesma coisa na semana seguinte", ela contou ao *The Dirt*. "Acho que será apropriada para os alunos de faculdade, porque eles sempre aprendem com o erro — com a ressaca — mas nunca param!"

Apesar da revista *Slant* ter rejeitado a música, dizendo que era apenas mais uma trilha sonora de "festa universitária inútil", havia mais do que isso na canção. Embora parecesse uma música sobre uma garota festeira e superficial, ela também era profunda. A referência de Katy a um "fracasso épico" reflete momentos em que ela bebia excessivamente durante sua juventude e tinha de enfrentar a desaprovação de sua família. Ela conversou com a *Blender* sobre aquele momento de sua vida: "Eu passava as manhãs de domingo chorando e com ressaca, então meu pai me contou como ele era quando tinha minha idade".

Claramente suas histórias sobre alucinações resultantes do uso de LSD e suas desventuras quando ficava bêbado não foram suficientes para dissuadir Katy, que abraçou mais uma vez a vida festeira em grande estilo. Durante os primeiros dias, o pai de Katy a tranquilizava, contando histórias sobre os erros de sua própria juventude. Como a filha do meio que buscava chamar a atenção, o cuidado que ela recebeu dele foi gratificante. Ver Katy como uma bêbada perdida pareceu apelar para seu instinto protetor e motivou a aproximação que ela sempre quis.

Na música, ícones da infância foram distorcidos, como jogar uma boneca Barbie na churrasqueira — uma metáfora para a perda de sua inocência de forma irresponsável. Todos esses fatores combinados deram a "Last Friday Night" a característica de mais uma canção sobre a adolescência.

"Peacock" foi inspirada em um produtor de Nashville que ensinou a Katy a arte da composição quando ela era uma principiante. Ele enfatizou a importância de utilizar metáforas e insinuações para agregar brilho a uma música, e Katy levou esse conselho a sério.

"A pessoa que estava me ensinando era um compositor excelente, que dizia: 'Não se esqueça dos duplos sentidos. Não se esqueça dos trocadilhos. Não se esqueça de que uma palavra pode ter vários significados", Katy contou à *MTV*. "Estou sempre à procura de alguma coisa que seja realmente normal e que possa ser distorcida." Mal sabiam os produtores religiosos devotos de Nashville, que lhe deram conselhos bem intencionados, como ela os interpretaria.

No entanto, a música inspirou uma batalha de vontades entre Katy e sua gravadora. Ela queria transformá-la em um *single*, mas suas referências ao órgão sexual masculino eram vistas como polêmicas — Katy teve de os persuadir até para manter a música no álbum. Ninguém realmente acreditava que a música fosse sobre uma ave. É óbvio que a mídia reagiu quando ela enfim chegou às lojas, conforme a gravadora havia previsto. O *site Sputnik Music* declarou: "Eu investiria dinheiro para que 'Peacock' nunca visse a luz do dia, porque é uma música horrível...Tão grosseira, que até Ke$ha ficaria envergonhada". O *USA Today* alertou os ouvintes para que ignorassem totalmente a música.

Katy se defendeu ao *The Music Mix*: "Espero que essa música seja um hino ao orgulho *gay*. Pavões representam a individualidade. Não é apenas 'eu quero ver seu órgão sexual'. O título tem sim a palavra 'cock' [órgão sexual masculino], mas 'art' [arte] também faz parte da palavra 'fart' [peido]. Tudo depende da forma como você interpreta".

Ela acrescentou: "Todo o pessoal da minha gravadora ficou um pouco preocupado com a palavra 'cock' e isso me causou um *déjà vu*, porque eles fizeram exatamente a mesma coisa com 'I Kissed a Girl'. Eles disseram: 'Nós não a vemos como um *single*, não queremos que ela esteja no álbum'. E eu pensei: 'Vocês são idiotas'".

A intuição de Katy foi compensada, pois "I Kissed a Girl" vendeu milhões de cópias. Além disso, Rihanna, uma das melhores amigas de Katy, conseguiu uma excelente recepção para a música "Rude Boy", de seu último álbum, apesar de fazer insinuações sexuais semelhantes. Entretanto, a gravadora de Katy foi cautelosa. Ela pode ter conseguido sucesso com "I Kissed a Girl", mas a batalha com a censura ainda não havia acabado.

Implacável, Katy não abriu mão de sua maneira de ver e esperava que a música fosse "um hino para os clubes noturnos com shows eróticos e que os *gays* a cantassem com toda a sua energia.

Depois veio "Firework". Algumas pessoas podem ter visto a música como outra insinuação, mas Katy tinha uma história diferente para contar. Ela e Russell vinham discutindo o desejo de Katy de morrer de forma dramática quando o grande dia chegasse, sendo jogada no oceano com fogos de artifício. Isso fez Russell recordar uma passagem de um de seus livros favoritos, o diário de viagens *On The Road*, de Jack Kerouac: "Eu quero estar perto de pessoas cheias de vida e que nunca dizem coisas banais. Pessoas que se projetam em direção ao céu como fogos de artifício que fazem todos dizerem: 'Uau!'".

Katy entendeu imediatamente a passagem, dizendo ao *The Advocate*: "É muito poética. Eu adoraria fazer as pessoas dizerem 'uau'". E incorporou o tema em seu refrão.

A mensagem mais importante que ela queria passar aos seus fãs era de encorajamento, insistindo que, independentemente de sua tristeza, eles nunca deveriam esquecer seu potencial explosivo. "É difícil escrever um hino que não seja brega", disse à *MTV*, "e espero que essa música possa ser algo desse tipo: 'Quero levantar meu punho e me sentir orgulhoso e forte'."

Entretanto, como Katy havia dito, mesmo em seu estado natal notoriamente quente, a Califórnia não era ensolarada todos os dias. As músicas "Pearl" e "The One That Got Away" demonstram isso. A última lamentava um romance adolescente fracassado com alguém que era importante para Katy. "É como ter alguém que você namorou no passado se aproximando e você sentir que a pessoa escapou", ela recordou.

"Pearl" é a história de uma mulher que permite que um relacionamento apague seu brilho. Katy começou a compor a música sobre um personagem fictício, mas, no meio do caminho, ela percebeu que a canção era autobiográfica e que a personagem era ela.

"Katy queria retratar: 'Sou uma mulher forte e confiante, mas às vezes eu também me sujeito a essas coisas — você não está sozinha e ninguém é invencível!'", um funcionário do estúdio contou. "Isso não significa que você seja fraca."

"É a história de uma pessoa que muda por causa de um relacionamento. Ela era uma pérola, mas agora é apenas uma sombra de si mesma porque deixou outra pessoa destruí-la", Katy contou à revista *Cool!*. "Eu me inspirei em todas as mulheres que perdem de vista quem realmente são por causa de um relacionamento. Isso aconteceu comigo também."

Ela acrescentou: "Desde que eu finalmente encontrei minha alma gêmea, comecei a pensar em todos os garotos com quem estive no passado e me perguntei por que sacrifiquei uma parte de mim por alguns deles quando poderia ter usado esse tempo para crescer e me conhecer melhor". Esse foi um grande problema no começo, quando Katy ainda estava construindo sua identidade, visto que a maioria dos homens com quem ela havia namorado eram cristãos devotos que ofereciam extensões das crenças dos pais dela e de sua vida limitada. Quando Katy conheceu Russell, sentiu que enfim seria ela mesma e iniciou um relacionamento que a completava, em vez de devorá-la.

A música "E.T." era uma ode à transformação. A metáfora de um alienígena retratava o fato de que suas crenças eram completamente diferentes daquelas com as quais ela havia crescido, mas também indicava o fato de que ela havia se apaixonado por um "invasor".

A letra falava de um beijo cósmico e Katy havia dito anteriormente à *Cosmo Girl* que se apaixonar por Russell foi como uma "colisão cósmica". A ambiguidade de tudo o que ele representava para ela foi descrita na letra: "Você era o diabo ou era um anjo?". Entretanto, um verso que falava sobre ser levada para a luz trouxe de volta suas referências religiosas.

"Hummingbird Heartbeat" foi outra ode a Russell e a resposta de Katy para a música "Like a Virgin", de Madonna. Ela falava sobre o sentimento de perder a virgindade cada vez que seu amado a tocava. Monte Neuble, um parceiro de composição, havia crescido apresentando-se em igrejas, assim como Katy, e isso agregou uma nova dimensão a uma música atrevida.

"Who Am I Living For?" foi a música que os seguidores cristãos de Katy estavam esperando — uma música que ousasse enfrentar o grande abismo entre suas atitudes grosseiras no palco e o relacionamento que ela insistia ter com Deus. Katy admitiu que, se aquela cantora *gospel* de quinze anos que ela foi conhecesse quem ela era agora, teria ficado "impressionada", mas era essa parte mais jovem dele que se identificaria mais com a música.

Metáforas como bombas caindo acentuaram as repercussões que Katy enfrentou por ter um estilo de vida alternativo e sentir-se como uma forasteira presa entre duas culturas. Para mostrar como se sentiu mal tentando encontrar coragem para buscar o fruto proibido em sua vida, ela se retratou como a personagem bíblica Ester.

Na Bíblia, Ester é considerada a mulher mais bonita em todo o território. Por conta de sua beleza, ela é enviada para se casar com o rei da Pérsia, mas esconde um segredo que poderia causar sua perseguição: ela é judia e israelita. Quando uma lei é aprovada ordenando matar todas as pessoas de Israel, Ester se aproxima do rei, confessa sua origem e pede que sua vida seja salva. Ele concorda e o homem que aprovou a lei é enforcado. Sua coragem de tomar a decisão de falar com o rei salva sua vida.

Katy falou da necessidade da força de Deus para lidar com a pressão de fazer uma mudança radical e ter a coragem de seguir seus próprios sonhos. Assim como Ester teria sido exilada do reino e assassinada, o desejo de Katy de ser diferente poderia tê-la expulsado de sua família e da comunidade da igreja. Foi muito importante para ela, na época, o fato de Deus ter sido tudo o que ela conhecia na época.

Katy explicou a letra: "Pesada é a cabeça que usa a coroa", dizendo ao *E! Entertainment*: "Quando você usa uma coroa, às vezes ela pesa e seu pescoço dói. Eu não quero que as pessoas pensem assim: 'Você é rica e famosa, portanto cale a boca!'. Estou apenas tentando retratar uma situação que às vezes, quando você está em uma montanha-russa, é desagradável e você fica fora de si".

Na verdade, era uma batalha contínua para Katy, uma vez que ela ainda estava indecisa sobre o que era certo e errado. Ela disse à *MTV Asia*: "Acho que o lugar de onde eu venho ainda está dentro de mim e me afeta todos os dias. É interessante porque, ao longo da vida, eu conheci muitas pessoas diferentes, que são de vários lugares diferentes, e elas de fato me influenciam e me inspiram. Eu, definitivamente, continuo querendo saber as respostas e ter minha própria peregrinação pessoal e, de certa forma, isso afeta meu trabalho musical... Uma das coisas mais importantes na vida não é colecionar prêmios ou tentar ser famosa, mas sim preocupar-se com sua alma e seu espírito e o que acontecerá no futuro".

Segundo Matthew Turner, ela não tinha motivo para se preocupar com sua alma. Ele contou: "Se eu senti um conflito entre o lado religioso e o lado ousado de Katy? Não. A parte mais bonita de Katy é sua jornada para ser completamente verdadeira, autêntica e honesta. Toda pessoa religiosa tem um lado ousado, mas apenas as pessoas honestas permitem que este lado seja revelado".

Ele acrescentou: "Como acontece com a maioria de nós, acho que ainda há certa tensão. O cristianismo não fala de ganhar ou perder, mas sobre experimentar o equilíbrio e eu acho que é algo que vemos no empenho de Katy nessa música".

De fato, Katy falou que via o paraíso à sua frente, mas era seduzida pela fama, insinuando que a vida era uma batalha entre a pureza e a decadência. Era algo que ela sabia que tinha que expressar.

"Circle the Drain" falava sobre o vício em drogas de um ex-namorado e sobre a frustração de Katy por sentir que ele amava mais as drogas do que a ela. A música descrevia seus sentimentos de incapacidade por não conseguir mudá-lo, tendo que se afastar. "Foi intenso", ela contou ao *The Age*. "Eu queria desabafar primeiro, antes de poder começar do zero e sair daquela escuridão. Isso estava guardado dentro de mim há muito tempo."

Usando a música "You Oughta Know", de Alanis Morissette — uma repreensão a um amante que não correspondia às expectativas — como inspiração, Katy o criticou, dizendo que ela queria um namorado e não uma criança que precisasse de babá. O namorado infeliz de quem ela falava era ninguém menos do que Travis McCoy, que foi viciado em Ritalina desde os quinze anos de idade. Durante o período em que o casal namorou, Katy o convidou para um *show* de Natal realizado para a estação de rádio X100, em Nova York, e, ao descer do palco, acabou descobrindo que ele havia sido expulso do local por posse de drogas.

Para Katy, este foi apenas um dos problemas do relacionamento e a música era uma mensagem para que ele assumisse o que fez. Travis se defendeu, lançando o *single* "Billionaire", que alcançou um sucesso impressionante e falava sobre seus desejos de se libertar de seu passado e de ser rico e famoso. A música alcançou o top 20 em dezessete países e, apesar de não o ter tornado bilionário, ele finalmente voltou ao caminho da recuperação.

Apesar disso, Katy não se arrependeu, pois sentia que Russell era seu par perfeito. Usando um contexto de conto de fadas para expressar crenças idealistas sobre o amor, Katy queria ser como Branca de Neve, esperando seu príncipe. "Not Like The Movies" falava sobre rejeitar um romance falso, que não parecia certo, e ter amor-próprio suficiente para acreditar que ela merecia algo melhor. Com Russell, outro romance a faria sentir-se uma impostora, mantendo-se em um relacionamento sem sentido.

Ela confirmou à *Elle Canada*: "A música é uma descrição da minha atual situação. É sobre amor e decepção. Como mulher, sinto que entramos em um relacionamento, mas sentimos um vazio dentro de nós e não prestamos atenção. Você sabe que essa não é a pessoa certa, mas diz: 'Isso é o melhor que posso ter. Isso é o que eu mereço'. Minha intenção nesta música é dizer que eu acredito que há um par perfeito para cada pessoa. Eu comecei a compor esta música antes de conhecer Russell e terminei depois disso. É amargo no início, mas depois dá uma volta de 180 graus."

Embora essa pudesse ter sido uma mensagem positiva para encerrar o álbum, Katy estava inquieta. Ela sentia que queria dizer mais. Certa noite, ela enviou uma mensagem para o representante de A&R, Chris Anokute: "Chris, acho que meu álbum ainda não está pronto. Ainda há uma música que eu quero compor, eu tenho essa intuição! Quero compor uma música sobre as garotas da Califórnia!". Ele contou ao *Hit Quarters*: "Na época em que a música 'Empire State of Mind', de Jay-Z, estava fazendo sucesso, todo mundo cantava 'New York...' e ela queria criar uma música para a Califórnia. Ela teve uma boa visão!".

Katy concordou, dizendo à *MTV Asia*: "Eu fiquei sabendo da 'Empire State of Mind' e fiquei com ciúme! E a Califórnia? E The Beach Boys? Ou Tupac? Achei que seria um bom momento para fazer um hino à Costa Oeste com meu ritmo".

Ela tinha uma gama eclética de referências, mas o mais importante era que ela sabia que precisava de um talento californiano consagrado para apoiar sua visão. Ela usou a Wikipédia para investigar quais artistas estavam no auge no mundo da música e encontrou Snoop Dogg.

"Em vez de dizer: 'Dane-se, eu sou famosa!', é mais como: 'Eu sei que minha existência depende desses tipos de relacionamento e dessas pessoas'", disse Katy humildemente ao *The Toronto Sun*, "e é por isso que eu as estou convidando."

Katy inseriu Snoop Dogg na letra, esperando que algum elogio agradável o convencesse a participar. "Eu comecei a inserir referências sobre Snoop Dogg como 'sipping gin and juice' e algumas mais óbvias, como 'Snoop Doggy Dogg on the stereo'", ela explicou. "E pensei: 'Se Snoop Dogg estivesse em uma música sobre a Costa Oeste, ela seria legítima!'. Então tentei seduzi-lo com todas essas odes a Snoop Dogg já na letra!"

Tudo aconteceu muito rápido. Katy estava no estúdio trabalhando para terminar a parte vocal, quando Chris entrou em contato com o empresário de Snoop Dogg dizendo que a música garantiria a ele uma oportunidade de voltar ao Top 40 das rádios. A faixa era tão nova, que Chris não tinha nem uma *demo* para enviar, mas Snoop concordou em ir ao estúdio na mesma noite, em uma espécie de fé cega.

"Eu estava jantando com minha namorada e Ted me ligou, dizendo: 'Snoop está na cidade. Se você estiver no estúdio, nós iremos agora'", ele contou ao *Hit Quarters*. "Eu fui correndo para o estúdio e Snoop chegou ainda mais rápido. Olhei para Katy Perry, Dr. Luke e Max Martin e nós pensávamos 'Meu Deus!'. Ele escutou 'California Girls', a magia rolou e, trinta minutos depois, estávamos escutando 'California Girls' com a participação de Snoop!"

Katy se apaixonou por Snoop no mesmo instante. Ela disse ao *The Toronto Sun*: "Ele é tipicamente da Costa Oeste. É à prova de balas. Anda com Tupac. Ele continua impressionando o público porque tem muita versatilidade, desde 'Drop It Like It's Hot' até seu vídeo musical 'Sensual Seduction', e nos deixou enterrá-lo na areia [para o vídeo]. Ele ainda é tão interessante quanto na época de 'Gin and Juice'".

Ainda mais importante, Snoop tinha sua própria versão de "Waking up in Vegas" — uma música antiga chamada "Signs", com a participação de Justin Timberlake. No vídeo, filmado no lendário Palms Hotel, mulheres pulavam nas camas, contorcendo-se com notas de dinheiro coladas no corpo. O tema decadente combinava com Katy e ela sabia que queria a participação de Snoop a qualquer custo. Era uma tarefa exasperante, mas, assim como Ester, ela teve a coragem de localizar o rei da Califórnia — e valeu a pena.

Os veteranos que a estavam ajudando não eram da tão odiada Nashville, mas sim nascidos na Califórnia. "Você consegue imaginar uma música Nashville Girls cheia de cruzes e Bíblias?", brincou um compositor anônimo do passado de Katy. "Não havia sexo na praia de onde nós viemos, mas estou feliz por Katy ter lutado pelo que quer. Parece que será um sucesso."

Na filmagem, Katy estava nua e coberta com nuvens enormes de algodão-doce cor-de-rosa. A temática tomou forma na turnê *One of the Boys*, quando Katy quis criar uma atmosfera de terra dos doces. Ela também experimentou o tema em sua festa de aniversário de 25 anos, onde distribuiu pirulitos e doces em abundância. Agora, estava concretizando sua fantasia.

Uma mistura de *A Fantástica Fábrica de Chocolate*, *Alice no País das Maravilhas* e o jogo de tabuleiro Candyland, o resultado é um mundo de fantasia dos contos de fadas, oferecendo sorvetes, bolos, pirulitos e peças de um quebra-cabeça gigante. O papel de Snoop Dogg é o de Rei Sedutor que reúne um harém cheio de Rainhas após as ter atraído com doces, transformando-as em peões no jogo.

Perry liberta as mulheres, que depois são pegas em uma emboscada pelo exército de ursinhos de gelatina. Katy vence mais uma vez e, como símbolo da vitória, coloca uma arma de *chantilly* em cada seio, esguichando-os aleatoriamente. Snoop Dogg acaba enterrado na areia, mas a maldade não reprimiu seu desejo pelas sedutoras, uma vez que seu desejo é que toda mulher fosse californiana. Todo o pano de fundo — desde o letreiro de Hollywood até as praias — foi feito com confeitaria de verdade.

Katy era competitiva e não queria ser apenas mais uma estrelinha *pop* seminua em uma praia — ela queria ser criativa. Katy disse ao *The Toronto Sun*: "Quando você escuta uma música, você pensa: 'Garotas na praia, de biquíni, quase nuas', é a mesma abordagem que você vê em vários vídeos musicais diferentes. Acho que estava na hora de inovar e os seios com *chantilly* fazem parte disso".

Katy foi filmada no estúdio de seu vídeo, explicando com um riso demoníaco: "Eu decidi usar meus melhores dons, coloquei um pouco de *chantilly* neles e borrifei aqueles ursinhos de gelatina!".

Ela até afirmou que seu vídeo era "tão inocente quanto Miley Cyrus". Embora as cores pálidas e os doces possam ter dado essa impressão, ela sabia que era uma ironia. "Foi o vídeo que mais gostei de filmar", contou à *MTV Asia*. "Eu estava comendo algodão-doce de verdade e pensava: 'Isso não é trabalho! É diversão!'"

Snoop Dogg sentiu a mesma coisa, embora tenha insinuado que Katy devia o sucesso do *single* a ele. "Eu trabalhei com Katy porque ela é uma mulher durona, mas precisava de um *gângster* para completar o trabalho", ele disse ao *Black Book*. "Ela tinha um bolo sem velas e, depois que me colocou em 'California Girls', foi direto para o número um."

Os críticos podem ter argumentado que Katy tinha mais *singles* número um do que ele, mas Katy sentia que ele era a "cereja do bolo" e que ele a fez parecer "mais interessante". Na verdade, em termos de credibilidade nas ruas da Califórnia, ela acreditava que não havia ninguém melhor do que ele.

O *single* vazou nas rádios no dia 6 de maio, destruindo seus planos para a campanha promocional. No entanto, no dia seguinte, alcançou o número 1 nos Estados Unidos, enquanto no iTunes havia vendido 294 mil *downloads* digitais durante a primeira semana. Sete semanas depois de ser tocado pela primeira vez no rádio, o *single* entrou para a história ao se tornar o segundo *download* vendido em menos tempos. Os dois milhões de compras o deixaram logo atrás de "Right Round", da banda FloRida, no livro de recordes.

"California Girls" era como uma versão mais *funk* e acelerada de "Teenage Dream" e também lembrava a música "Tik Tok", de Ke$ha, como se esperava, uma vez que Max Martin havia participado da composição das três músicas. Ela colocou o mundo alternativo de Katy, Candyland, no mapa e foi uma grande concorrente às várias músicas de Alicia Keys sobre Nova York. Por todas essas razões, a música decolou nas paradas.

Katy conseguiu uma vaga com Snoop Dogg no *MTV Movie Awards* no dia 6 de junho — a oportunidade perfeita para lançar a música ao vivo. Lady Gaga havia aparecido com um vestido de carne crua naquele dia, talvez sua resposta aos trajes de *sushi* e banana de Katy, mas esta não seria ofuscada. Ela entrou suspensa em uma prancha de surfe gigante e desceu até o palco ao lado do trono virtual de Snoop. Katy usava uma peruca azul-elétrico, no estilo *Smurfs*, roupas brilhantes com lantejoulas e óculos escuros no estilo de Gaga, sendo assistida por milhares de americanos.

Até esse momento, as pessoas faziam comparações entre Katy e Gaga por terem um passado religioso, um desejo mútuo de chocar e provocar e por suas escolhas de roupas excêntricas. Em parte, a mídia estava ansiosa para que elas fossem rivais e, naquele mês, o momento tão esperado havia chegado.

No dia 8 de junho, o vídeo "Alejandro", de Gaga, chegou à TV. No mesmo dia, Katy divulgou uma mensagem no Twitter: "Usar blasfêmia como entretenimento é tão barato quanto um comediante contando uma piada de peido". O vídeo ofensivo exibia Gaga vestida com um hábito de freiras em látex, chupando de forma provocativa um rosário e aparecendo com o símbolo da Cruz Sagrada estampado em sua virilha. Será que ver sua rival nas paradas com um vestido de látex vermelho e manipulando a religião teria inspirado a mensagem de Katy?

Ela disse ao *Nylon* sobre o álbum de Gaga, *The Fame Monster*: "Quando eu o escutei pela primeira vez, pensei: 'Sobre que diabos ela está falando — dentes, e 'ele comeu meu coração', e monstros, e 'dançar no escuro'?' Eu achei que ela foi exageradamente polêmica".

Contudo, Katy havia composto músicas descrevendo seu caso de amor com Deus — isso também não era uma blasfêmia? Além disso, Katy tinha a mesma reputação de Gaga, de chocar com suas músicas, e suas atitudes francas eram mundialmente consideradas responsáveis por seu sucesso. Será que Katy, que muitas vezes virou as costas à religião, seria tão hipócrita para dizer isso? Será que ela apenas temia o sucesso de Gaga e a considerava uma ameaça ao seu trono ou será que se sentiu afrontada de verdade pelas implicações que a música impunha à religião?

Ela disse à *Rolling Stone*: "Eu sou sensível quando Russell usa o nome de Deus em vão ou quando Lady Gaga coloca um rosário na boca. Acho que, quando você coloca sexo e espiritualidade na mesma garrafa e agita, coisas ruins acontecem. Sim, eu disse que beijei uma garota, mas eu não disse isso enquanto sentia prazer com um crucifixo". Na mesma edição, Katy posou de *topless*, cobrindo os seios com as mãos.

Ela era sensível a insultos religiosos, mas, no fim das contas, encerrou o desentendimento com Gaga dizendo ao *E! Online*: "Certo dia, Russell estava gritando pela janela. Ele disse algo um pouco indecente, meio que uma blasfêmia sobre o Senhor Jesus Cristo e eu bati nele por causa disso". Ela acrescentou: "É apenas algo profundamente enraizado dentro de mim, do qual é difícil eu me afastar, mas todos sabem que eu sou uma grande fã de Lady Gaga".

Ela acrescentou: "As pessoas dizem que eu sou muito hipócrita, mas a sexualidade e a espiritualidade são duas coisas distintas".

O divisor de águas no relacionamento de amor e ódio entre Katy e Gaga aconteceu depois que Katy viu Gaga no *American Music Awards*. Ela teve uma mudança de opinião e disse à *Nylon*: "Eu pensei: 'Você é um animal de outra espécie e nós precisamos de você!'".

No dia 14 de junho, Katy organizou uma festa para seu álbum. Havia uma temática de praia e Katy chegou com saltos extremamente altos. "A senhorita Perry não ficou feliz quando viu o pequeno deserto entre ela e sua cadeira — 'Eu não quero areia em meu salto alto!', ela disse, fazendo beicinho e repetindo uma de suas letras", *The New York Times* publicou sobre o evento. "Mas ela é apenas uma garota comum que ficou famosa, portanto, cambaleou corajosamente pela areia com seu salto de dez centímetros, com os saltos desaparecendo a cada passo. Usar chinelos de fato não está no manual da estrela do *pop*."

No dia seguinte, Katy estava na Times Square, divulgando seu CD em um estilo básico. Cantando em cima de um Volkswagen, ela fazia gestos sexuais com o microfone para excitar transeuntes curiosos. A divulgação do álbum estava prestes a decolar em grande estilo.

Apenas algumas semanas antes, ela estava tendo uma vida normal, relaxando e assistindo a filmes com seus gatos, mas o TOC de Katy piorou quando ela raspou todos os pelos de sua gata, Kitty Purry, deixando-a totalmente careca, com exceção de um único anel de pelo no pescoço. Ela fotografou o novo visual da gata e divulgou mensagens cheias de culpa no Twitter: "Minha pobre gata, o que eu fiz?". Para aumentar seus problemas, seu TOC quase a fez ter um ataque de pânico no instante em que viu o que parecia ser uma impressão digital em um par de óculos escuros.

Entretanto, seu distúrbio não impediu que ela e Russell comprassem um terceiro gato. "Nós temos um novo gatinho chamado Krusty", ela contou ao *The Daily Record*. "Tivemos essa ideia por causa dos nomes Katy e Russell, então juntamos tudo e formamos

Krusty." O gato com oito semanas de vida vinha causando muita confusão nas horas de sono do casal, fazendo Katy afastar completamente a ideia de ficar grávida. "Ela pula em cima da minha cabeça às três horas da manhã, faz xixi e cocô na cama, serviço completo", ela disse. "Filhos?! Não. Não sei se conseguiria lidar direito com uma criança agora."

Entretanto, ela estava disposta a usar a gravidez como ameaça se a gravadora tentasse forçá-la a trabalhar demais. Ela brincou que queria que seu próximo álbum a mostrasse "descalça e grávida", horrorizando seu agente publicitário: "Minha nossa!".

Katy acrescentou ao *The Daily Teegraph Australia*: "Eu digo a eles: 'Se vocês continuarem me pressionando, se me pressionarem demais, vou engravidar! Juro que vou fazer isso com vocês, portanto não me irritem — eu posso fazer sexo sem proteção, vocês sabem!'". Para a gravadora de Katy, ela era imprevisível e perigosa — como fogos de artifício esperando para explodir.

A vida em família estava tranquila com Russell e os gatos, mas era hora de voltar à estrada. No dia 28 de junho, ela fez uma aparição surpresa no *The X-Factor*, substituindo a jurada australiana Dannii Minogue, que, ironicamente, estava de licença-maternidade.

Durante os testes em Dublin, o exterior de aço de Katy e sua resistência a ser seduzida por "histórias comoventes" a deixaram em uma boa posição para ganhar a afeição de Simon Cowell. Ela deixou sua postura clara quando caminhou no palco com o grito de guerra: "Hoje nós daremos a Simon um gostinho de seu próprio veneno!".

Depois do *The X-Factor*, Katy tomou a polêmica decisão de posar nua pela primeira vez, em nome da arte, para a capa de seu álbum. Ela havia conhecido o artista Will Cotton, que compartilhava sua paixão pelas cenas de Candyland, depois de ter feito uma consulta para comprar algumas das pinturas dele. Estremecida por causa dos preços, ela ficou um pouco aliviada ao saber que seus quadros favoritos já haviam sido vendidos, mas os dois tinham coisas em comum.

Will enviou um *e-mail* para ela, perguntando: "Você é Katy Perry, a cantora?", e a comunicação que se seguiu estimulou um encontro.

"Antes de eu ter descoberto Will, eu gostava de todas as coisas fofinhas, femininas, bonitas e comestíveis", Katy contou à *ArtInfo*. "Eu admiro a capacidade de Will de capturar a beleza de uma mulher, não de uma forma barata, irritante e agressiva, mas realmente de uma forma maravilhosa, bonita e totalmente incomum."

Will tinha uma coleção secreta de fotos dela que haviam inspirado alguns de seus trabalhos, portanto ficou encantado ao saber que a apreciação era mútua. "O motivo de eu ter escolhido Katy e ninguém mais [(como musa] é porque eu tinha fotos dela rasgadas de revistas, pois ela era exatamente o tipo de pessoa que eu queria pintar", Will contou ao *The Daily Beast*. "Ela é muito exagerada, muito açucarada, melosa, o mais doce possível."

Assim como muitos artistas renomados, as opiniões sobre seu trabalho eram diversas. Os críticos diziam que as pinturas de garotas nuas ao estilo de Vênus e que tinham chamado a atenção de Katy eram "degradantes". Will, por outro lado, achava que seu trabalho era divertido e "festivo". Katy pensava a mesma coisa e logo eles já estavam entusiasmados para trabalhar juntos.

Will havia iniciado como diretor de arte em "California Girls", que recebeu imponentes cem milhões de acessos no YouTube. A capa do álbum parecia uma progressão natural. "Foi uma operação muito profissional — literalmente, três horas de cabelo e maquiagem para ficar pronta para posar", Will recordou. No entanto, Katy supostamente fez sua própria maquiagem. Will fez várias pinturas para que uma fosse escolhida como capa.

"[Primeiramente] Eu fiz a pintura da cena com Katy lambendo uma casquinha de sorvete em uma floresta de caramelo", ele explicou. "Para o vestido, usei papel laminado brilhante. Eu estava na casa de Cynthia Rowley [*designer*] e suas filhas tinham bonecas Barbie. Então, recortei os papéis de *cupcake*, coloquei-os em uma Barbie e disse: 'Cynthia, será que você poderia fazer este vestido?'" Ela ficou feliz em fazer um favor e, no dia da sessão de fotos, os papéis foram costurados enquanto Katy os vestia.

Estar com o homem que ela amava havia lhe dado uma confiança extra em seu corpo e Katy não hesitava em ficar nua para fotos que ela sabia que seriam colocadas em *outdoors* por todo o mundo.

Entretanto, a única coisa que a desagradou foi ter de beijar outro homem na filmagem do vídeo de seu próximo *single*, "Teenage Dream". O diretor escalou um interesse amoroso compatível com as promessas eufóricas de Katy sobre dançar até cansar. A música tinha o otimismo juvenil de uma melodia como "Get What You Give", da The New Radicals, que também recordava travessuras da adolescência, e dependia da equipe de Katy fazer aquela emoção ser passada através da câmera.

Katy dirigia um carro conversível e jogava os braços para cima antes de abraçar o modelo Josh Kloss na piscina de um hotel. "Eu tinha de beijar um homem, o que foi bastante traumatizante [porque estou apaixonada] por isso fui um pouco malvada com ele", recordou. "Eu era quem chamava os cortes, porque ficava dizendo: 'Eu não consigo fazer isso!'. Eu me sinto tão horrível, mas sei que é algo profissional. Eu e Russell entendemos que faz parte do nosso trabalho."

O outro trauma foi que, como a letra era sobre um namorado que a idolatrava mesmo sem maquiagem, ela tinha de aparecer no vídeo quase sem maquiagem. Para uma mulher que se inspirava no visual de *drag queens* e dizia "Nada dessas besteiras naturais!", quando os maquiadores trabalhavam nela, a limpeza facial foi um desafio.

"Você verá um lado meu muito cru, quase vulnerável. Eu tive de usar muito menos camadas de maquiagem", ela disse com uma expressão de desagrado.

Os ouvintes foram totalmente implacáveis e, no dia 23 de julho, o dia do lançamento, a música vendeu mais de 55 mil cópias pelo iTunes. Ainda mais empolgante para Katy foi a notícia de que ela havia quebrado o recorde de vendas no primeiro dia pelo maior número de *downloads* — um posto anteriormente ocupado pela música rival "Empire State of Mind". As garotas californianas de fato tinham começado com o pé direito.

Pouco depois, a música subiu para o número um nas paradas da *Billboard* americana depois de ser tocada nas rádios 14,4 milhões de vezes em todo o país. O *single* vendeu mais de três milhões de cópias.

A euforia de Katy foi interrompida por uma surpresa desagradável — a gravadora da banda The Beach Boys estava planejando processar Katy e reivindicar os direitos autorais pelo verso "Eu gostaria que todas elas pudessem ser garotas californianas!", cantada por Snoop Dogg.

No entanto, ela aceitou a má notícia. "Estar no radar de Brian Wilson é provavelmente tão grandioso quanto estar no radar do Queen. Eu os amo!", ela exclamou. A banda alegou que eles haviam adorado a música, estavam lisonjeados por terem sido uma inspiração e não sabiam nada a respeito do processo.

Na verdade, Katy não estava apenas pegando ideias de outras pessoas — ela própria estava inspirando as pessoas. No dia 23 de agosto, ela tocou na O2 Arena, em Londres, usando sua peruca azul elétrico dos *Smurfs* e coberta por uma tinta verde néon. O visual era bem excêntrico, mas agradou a promissora Selena Gomez, uma ex-atriz mirim que agora entrava no mundo da música.

Apesar de Selena ter crescido em uma família católica rígida e ter usado um anel de castidade, o exibicionismo de Katy a atraía. Ela anunciou ao *Z1000*: "Eu vou me fantasiar de Katy Perry no Dia das Bruxas. Vou vestir uma peruca azul e um vestido azul com sorvete e sapatos com doce". Para que sua declaração não fosse confundida com um elogio ambíguo, ela acrescentou: "Eu fiquei encantada com ela. Ela é maravilhosa e uma das minhas inspirações".

Katy também havia dado para seu álbum *A Year Without Rain* a música "Rock God". "Eu realmente tive de brigar por aquela música", ela recordou. "Eu a queria muito". Katy contribuiu como *backing vocal* da regravação para deixar sua marca na música e Selena se sentiu "abençoada" por dividir o estúdio com ela.

Enquanto isso, Katy estava focada em seu novo álbum, que foi lançado no dia 24 de agosto. Ela havia se gabado, dizendo que era o som do verão, com cachorro-quente, patins e algodão doce. Ela disse brincando ao *The Daily Telegraph Australia*: "Eu não estou dizendo que o álbum inteiro vai ser um monte de açúcar — não quero deixar as pessoas diabéticas nem nada. Quero satisfazer todo seu apetite com o álbum quando elas entrarem de cabeça. Isso aconteceu com *One of the Boys*, pois as pessoas ficaram completamente satisfeitas — e a música não é tão melosa". Seus fãs concordaram. O álbum estreou como número 1 nos Estados Unidos, no Canadá, na Austrália e no Reino Unido.

Como parte da divulgação, Katy teve a oportunidade de voltar à sua antiga escola, Dos Pueblos, para um *show* extraespecial. Ela pode ter deixado de se apresentar para pequenas plateias, mas, quando subiu ao palco no dia 14 de setembro, foi a reunião escolar mais glamorosa que ela poderia esperar. Ela também saboreou a oportunidade de zombar e humilhar um interesse amoroso que a menosprezou naquela época. "Aquele é Shane Lopes?", ela gritou no microfone. "Você era o garoto mais popular da minha classe, mas nunca quis me namorar. É isso aí, bela escolha. E agora, meu amigo? Eu dedico a próxima música a Shane Lopes... Ela se chama "Ur So Gay". Katy conseguiu sua vingança.

Não só isso, ela sabia que sua sensualidade estava funcionando quando se tornou *sexy* demais para a televisão. Ela tinha sido convidada para o programa infantil de TV Vila Sésamo para cantar "Hot and Cold" com o adorável personagem de desenho animado Elmo. No videoclipe, ela o perseguia, mudando as palavras da música para: "Você está bem e está mal, está correndo para todos os lados, está indo rápido e depois está devagar, para e depois continua".

No entanto, o videoclipe foi retirado abruptamente quando seu decote ofuscou Elmo. Debaixo de um vestido revelador, Katy estava vestindo uma blusa de malha vermelha e alguns pais modestos, porém furiosos, consideraram a roupa inadequada, publicando um número recorde de reclamações na internet. Uma mulher disse que o filho teve sua primeira ereção enquanto assistia ao videoclipe. Outras reclamações incluíam: "Quase dá para ver os seios dela. Que programação maravilhosa para crianças!", "Eles terão de mudar o nome do programa para Avenida do Decote!" e "Agora meu filho quer leite!".

Alguns comentários foram certamente irônicos, mas os responsáveis pelo programa, envergonhados, retiraram o vídeo do YouTube e o baniram do programa de televisão. Katy considerou tudo isso um elogio.

A fama de Katy estava crescendo dia após dia. Com o lançamento do álbum e seu famoso relacionamento com Russell, ela estava em alta e a atenção da mídia se tornou mais avassaladora do que nunca. A pressão chegou ao máximo em uma manhã de setembro, quando o casal desembarcou de um voo em Los Angeles e foi recebido por uma onda de fotógrafos. Russell ficou tão enfurecido quando viu um fotógrafo supostamente apontando uma câmera para a saia de sua noiva, que deu um murro nele e foi detido de imediato. Katy defendeu sua reação no Twitter, dizendo que ele estava apenas "cumprindo seu papel" de protegê-la.

No entanto, a relação turbulenta com os *paparazzi* também tinha seu lado positivo. Katy se viu negociando oportunidades de fotos em troca de uma moeda para o parquímetro. "Eu estava com pressa, então disse: 'Tudo bem, eu estou essencialmente pagando você, então será que você poderia colocar cinquenta centavos no contador?'", Katy disse, brincando, à *Nylon*.

Ela resumiu o problema assim: "Eles têm um lado bom e um lado ruim. Se eles não estão presentes, então, é óbvio, não estão trabalhando a seu favor. Quando eles estão lá, você quer que eles saiam. É uma situação complicada. Russell está na mesma situação".

O relacionamento do casal estava atraindo tanta atenção que, para manter o profissionalismo, tomou-se a decisão de cortar sua cena de beijo em *O pior trabalho do mundo*. Katy e Russell ficaram preocupados com o fato de que o que o filme tinha a oferecer poderia ser ofuscado pela exibição de seu primeiro beijo — algo que agora era privado demais para compartilhar. O romance pode ter sido "de cinema", mas eles não podiam deixar o filme se sobrepor à vida real e precisavam manter o que era verdadeiro. "Há um lugar para sermos profissionais e um lugar para sermos íntimos", Katy contou ao *The Express*, "e algumas vezes eles não podem coexistir."

Esse foi o caso da noite de núpcias, pois eles esperavam que fosse o maior segredo de todos.

CAPÍTULO 10

FOGOS DE ARTIFÍCIO, BOLOS E ALGODÃO-DOCE

Este não era um casamento qualquer de celebridades. Evitando as fotos de milhões de libras e capas de revistas, os dois queriam que seu dia especial fosse apenas deles.

"Nós nos amamos e queremos nos casar diante dos nossos amigos e família, nada extravagante", Russell declarou. "Não é para vender fotos, nem para fazer acordo pré-nupcial, queremos apenas algo normal. Estou tentando preservar esse momento tão lindo. Acho que as pessoas têm uma ideia errada de como queremos fazer esse casamento. O amor entre duas pessoas é a coisa mais linda do mundo."

Dois dos mais exibicionistas do mundo das celebridades estavam saindo dos holofotes por vontade própria. Obviamente, isso não impediu as brincadeiras públicas entre eles, que aumentavam na medida em que o grande dia se aproximava.

Russell contou à estação de rádio US: "Katy, aquela danada, fica me chamando de noivozilla". Ela havia inventado esse boatos como uma brincadeira, mas Russell estava determinado a revidar: "Estou tentando pensar em uma forma de me vingar. Tem umas fotos dela no meu celular que poderiam causar uma guerra nuclear, mas tenho de manter o respeito".

Quando lhe ofereceram a oportunidade de espalhar as fotos em todas as redes de notícias do país, ele recusou, insistindo: "Estou tentado, mas sinto que vou precisar dos meus testículos no futuro!".

Entretanto, ele finalmente conseguiu sua vingança ao divulgar em seu Twitter uma foto de Katy sem maquiagem. Ela ficou envergonhada, mesmo estando radiante na foto, e jurou planejar sua própria vingança.

Apesar do calor das brincadeiras ser constante, o casamento em si estava coberto de segredos. Na verdade, o casal queria tanto preservar sua privacidade que, quando o grande dia chegou, 23 de outubro, ele fugiram dos olhos curiosos da mídia e voltaram à Índia.

A recepção cara e ultraparticular foi realizada no hotel Aman-i-Khás, perto do santuário de tigres Ranthambore, e parece que incluiu um desfile de 21 elefantes, camelos e cavalos. A única convidada indesejada era a própria rainha fatal da Índia: uma tigresa em um rompante assassino. A tigresa, que havia matado três nativos naquele ano, foi seduzida pelos sons da festa — ou talvez apenas quisesse dançar com a noiva. Felizmente, os convidados escaparam de suas mandíbulas famintas.

Apesar de o casamento ter sido tradicional e conduzido por um pastor cristão a pedido dos pais de Katy, alguns aspectos não foram nada convencionais. O melhor amigo de Katy, o estilista de moda *gay* Markus Molinari, foi a dama de honra — assim como havia sido no vídeo de "Hot and Cold". Antes da cerimônia, ela ameaçou fazê-lo usar "um daqueles horríveis vestidos de Jessica McClintock, com certeza!". Isso alimentaria as fantasias de *drag queen* de Katy. Ela havia assistido a todos os episódios de *Ru Paul's Drag Race* e estava louca para vestir seus amigos da mesma forma.

Seus outros convidados *gays* incluíram o estilista Johnny Wujek e seu agente Bradford Cobb, o que significava que ela estava rodeada pelas mesmas pessoas as quais ela era sempre acusada de discriminar. Se Katy alguma vez sentiu preconceito em relação aos homossexuais, ela foi forçada a repensar sua atitude, pois essas eram as mesmas pessoas que haviam moldado sua carreira.

Katy havia imposto uma proibição de sexo antes do casamento — talvez tivesse medo de ser rejeitada no altar, assim como seu namorado virtual em "Hot and Cold" havia feito —, mas havia garantido que seu estado de ânimo na noite do casamento seria muito mais fácil de decifrar. Ela havia investido em um batom da marca Too Faced emocionalmente ativado, que mudava de um tom rosa claro para vermelho escuro a fim de alertar o parceiro quando a mulher estivesse disposta ao amor.

Havia até histórias de que o casal havia feito uma troca de joias na cerimônia. Segundo Katy, seu amor tinha uma das maiores coleções de joias que ela já tinha visto, mas felizmente ele escapou de qualquer gracinha do tipo "você é tão gay" naquela noite. Entretanto, as joias mais apreciadas que o casal trocaria seriam aneis quando se tornassem marido e mulher.

Três dias depois, o mais novo *single* de Katy, "Firework", foi lançado. A mensagem era simples. O diretor de vídeo, Dave Meyers, explicou: "Nós queríamos articular o significado daquela música: o que significa ser um oprimido e ter a coragem de ser você mesmo, se você está às margens da sociedade".

Essa mensagem significava mais para Katy do que um espectador poderia imaginar. Agora que ela estava em uma posição de força e euforia em sua carreira e estava encantada com sua vida amorosa, queria encorajar seus fãs a incorporar aquela força emocional e autoconfiança.

Mas não foi sempre assim. Sua estrada para a fama tinha sido longa e pedregosa e seus próprios fracassos eram recentes o suficiente para que ela avaliasse como era sentir-se uma perdedora. "[Eu me sentia como] um grande fracasso", Katy contou ao *The Chron* depois de finalmente alcançar o sucesso. "[O sucesso] parece uma libertação, como se você estivesse prendendo a respiração debaixo d'água. Você está no fundo da piscina e sabe que vai morrer. Seu cérebro está fritando e você sobe para respirar... É quase como uma experiência de vida ou morte."

Sabendo disso, Katy não quis parecer uma estrela *pop* presunçosa e inalcançável. Ela queria escrever sobre a vida real — e ela nem sempre foi aquela desejável rainha fatal. Ela nunca teve apoio financeiro de pais ricos, apenas uma ambição inexperiente e uma fé cega.

"Firework" foi uma metáfora para a explosão de Katy no mundo *pop*, e ela queria que outras pessoas se inspirassem com aquela mensagem e dessem nascimento a seus próprios fogos de artifícios coloridos. O vídeo apresenta um adolescente *gay* solitário e desajeitado que luta para aceitar sua sexualidade e enfim toma coragem para beijar seu amigo, jogando a cautela pelos ares para admitir quem ele é. Enquanto isso, uma criança vítima de leucemia está sentada desamparada em uma cama de hospital, com vergonha de sua aparência, antes de conseguir se livrar de suas restrições e andar pelas ruas com orgulho. Um aprendiz de mágico luta com assaltantes, não por meio de violência, mas com truques de mágica. Uma jovem obesa está parada no canto de uma festa antes de encontrar confiança para se juntar aos demais, pulando provocadoramente em uma piscina. A peça central da cena é Katy, que vê tudo a partir da sacada do castelo de Buda em Budapeste, na capital húngara. Enquanto ela canta, fogos de artifício saem de seu peito como uma cascata. Ela está dizendo aos espectadores o que disse a si mesma em seus momentos mais sombrios: nunca desista.

Foi ideia de Katy soltar fogos de artifício pelo peito, indo um passo além do *chantilly* que saía de seus seios em "California Girls". A cena também lembrava muito uma parte do *show* de Lady Gaga. Conscientemente ou não, Gaga e Katy sempre parecem duelar para superar uma à outra no quesito escândalo. Quando Katy usou um conjunto de cartas de baralho no cabelo, Gaga colocou latas de bebida no seu. Ambas usaram vestidos com tema de comida em cerimônias de premiação. Ambas cantaram hinos à curiosidade bissexual com ritmos contagiantes e agora ambas explodiriam fogos de artifício de seus peitos.

O diretor Dave Meyers queria usar fogos de artifício de verdade, mas se deparou com uma séria oposição por motivos de saúde e segurança. "Tentei pensar em uma forma de equiparar fogos de artifício reais com pessoas reais", ele lembrou, "mas acabou sendo um grande risco. Ninguém queria que eu chegasse perto de Katy com eles."

Apesar de os fogos de artifício não serem verdadeiros, os atores — assim como a mensagem — definitivamente eram. Como Katy escreveu a música pensando nas pessoas comuns, ela queria que os personagens refletissem isso, escapando dos conceitos de perfeição de Hollywood.

Encontrar dois homens na cidade de Budapeste, que é notoriamente conhecida como homofóbica, e que estivessem dispostos a admitir que eram *gays* foi um desafio, mas Dave conseguiu encontrar um casal genuíno. Ele também encontrou uma jovem fã disposta a raspar a cabeça para aparecer no vídeo. "Ela não está doente de verdade, mas conseguimos com que raspasse a cabeça e, quando você tem 11 anos de idade, esse é um grande comprometimento", lembrou Dave. "O compromisso das pessoas com o vídeo foi realmente bonito." Ele até conseguiu encontrar 250 fãs para atuarem como figurantes. "Eram 250 verdadeiros fãs de Katy Perry", ele explicou. "Eles estão pulando [no vídeo] porque amam a vida."

A recém-coroada Sra. Brand também estava amando a vida. Em novembro de 2010, ela estava em uma turnê mundial para divulgar seu novo perfume, Purr. Nas fotos publicitárias, Katy posou de quatro em um macacão justo de látex rosa e lilás adornado com manchas pretas tipo leopardo e um rabo combinando. Ela gentilmente tocava uma bola de lã gigante que era maior do que sua cabeça. Até o frasco, que tinha a forma de um gato, recebeu o tema felino. Dentro, havia uma fragrância de flores e frutas, com cheiro de rosa, baunilha, sândalo, maçã e pera. Katy quis manter o tema posando como uma gatinha sensual para promover seu perfume por todo o mundo em uma variedade de roupas provocantes.

Ela também começou a planejar o vídeo do *single* "E.T.". Ela não só conseguiu garantir que Kanye West fizesse um vocal de *rap*, como também decidiu se vestir como um alienígena. "'E.T.' é uma metáfora sobre encontrar alguém que obviamente não é deste mundo, porque como ele poderia me amar assim?", Katy explicou a *Company*. Isso contradizia sua fé religiosa, mas Katy havia começado a acreditar em formas de vida alternativas: "Eu olho para o céu e sinto que há muito mais lá... Estou interessada em todas as coisas futuristas".

Na verdade, ela até acreditava que seu relacionamento com Russell tinha sido escrito nas estrelas.

Entretanto, sua vida tomou um ritmo mais suave e mais tradicional no *Grammy Awards 2011*, no dia 13 de fevereiro. Katy chegou com a avó e disse, brincando: "Se eu não voltar para casa com algum Grammy, pelo menos voltarei com a minha *grammy* [avó]".

Ela cantou "Not Like The Movies" com a filmagem dela e Russell fazendo seu juramento e dando seu primeiro beijo como marido e mulher. Apesar de ter ido embora sem ganhar nenhum Grammy de suas quatro indicações, ela ficou feliz por ter passado uma noite memorável com seus entes amados. Talvez houvesse realmente uma mulher comum dentro de Katy.

Russ Breimeier afirmou: "[Katy é] muito coerente em [seu] foco em festas, bebidas e sexo, [mas] a parte triste é que você pode perceber em algumas músicas que há uma mulher mais racional por detrás daquele exterior selvagem".

Katy provocadoramente disse ao *The Scotsman*: "Eu vejo todas as cores do arco-íris, não só o rosa".

Ela estava determinada a ser franca, honesta e verdadeira, deixando pouco para a imaginação e, ainda assim, apesar de sua honestidade escancarada, ela era bastante contraditória.

Alguns preferiam vê-la como a garota temente a Deus de antes. contou Russ: "As pessoas riram de mim por isso, pensando que sou ingênuo, mas ainda tenho esperança de que Katy volte a abraçar sua fé com mais vigor".

Assim como Russ, os pais de Katy estavam desesperados para mudá-la, insistindo em um de seus sermões na igreja: "Ela sabe onde deveria estar e ela voltará. Sua alma está passando por uma batalha, assim como milhões de outros jovens que não conseguem entender a homossexualidade, a fornicação e outras religiões. Isso ocorre principalmente porque eles deixam sua Bíblia de lado e param de frequentar a igreja".

Katy era uma dessas pessoas. No entanto, segundo seu pai, depois de uma noite cantando sobre sexo e mostrando sua roupa íntima para uma multidão de dez mil pessoas, ela ainda podia ser ocasionalmente encontrada em seu camarim lendo a Bíblia.

Ainda mais, após uma sessão de fotos obscenas com uma revista, ela olhou para sua tatuagem do nome de Jesus e lembrou: "É daqui que eu vim e é provavelmente para onde voltarei".

Essa era a questão sobre Katy: quem era ela? Era um conto de duas Katys, da adolescente loira e angelical que lia sua Bíblia, rezando com suas mãos entrelaçadas, ao símbolo sexual estilo Lolita, com cabelos negros, pouca roupa e olhos cintilantes. Sua aparência mudou, seu som mudou —, mas o que era ela por dentro?

Em "E.T.", ela questionava se um homem misterioso era um anjo ou o diabo disfarçado, mas poderia muito bem estar falando de si mesma — e sua imagem de Lolita, com uma inocência travessa, permitia que ela representasse os dois papéis ao mesmo tempo.

Mesmo sua turnê estava cheia de contradições. Por trás daquele sorriso infantil, havia um desejo de dominação do mundo, uma cidade de cada vez. Apesar de Katy ter prometido que sua turnê, na primavera de 2011, seria um pouco mais sombria e "menos fofa", ela terminou com um *show* tão cafona quanto antes, desfilando no palco em um vestido de bolinhas com *cupcakes* em miniatura.

Mas ela manteve sua promessa de ser para sempre jovem, prometendo aos fãs confetes comestíveis e até vinte trocas de figurino por noite. Como os espectadores do *show* de 17 de março, no Hammersmith Apollo de Londres, descobriram, esse não foi um golpe publicitário. Ela manteve sua palavra e até o ar tinha cheiro de algodão-doce e batom de cereja, suas marcas registradas. Claro que também cheirava a suor no local lotado ou — para os fãs mais refinados — uma borrifada de sua nova fragrância, Purr.

Não eram apenas as garotas perfumadas que queriam ver o *show* de Katy. Segundo uma crítica, os homens na plateia visivelmente expressaram seu desejo de "conseguir os *cupcakes* de Katy", antes de ficarem, de forma atípica, quietos quando também foram genuinamente atraídos ao mundo adocicado de Katy.

Katy era uma verdadeira hipnotizadora. Tanto os machões, quanto os sensíveis homens de negócios cederam à tentação. Até o *The Financial Times*, que normalmente não se arriscava, foi seduzido por sua surrealista turnê adocicada e seus "prazeres proibidos". Seu crítico declarou que a apresentação de Katy era "colorida, teatral e divertida".

Também foi uma turnê multicultural. Não só sua própria marca de garota californiana se irradiava no ar, como também o palco lembrava um conto de fadas no estilo alemão — uma garota buscando seu gato perdido e correndo perigo no estilo *Hansel e Gretel*, até encontrar o amor da sua vida na forma de um saboroso homem em forma de pão de gengibre. Mas o mundo era um lugar perigoso para uma garota que poderia ter sido a irmã gêmea da Branca de Neve quando bruxas malvadas e açougueiros malignos espreitavam em todos os cantos, sem falar nos mímicos que ficavam ao seu redor, tentando levantar seu vestido.

Agregou-se a esse conto de fadas levemente sinistro uma vibração burlesca da Xangai dos anos 1930, um toque de Alice na Terra dos Ácidos e o visual de uma dançarina de cabaré parisiense saída diretamente do Moulin Rouge.

A transformação foi feita com a ajuda de suas muitas trocas de figurino — seis apenas em "Hot and Cold" — mas foi a imagem de uma dançarina de Las Vegas que ela mais incorporou. Na verdade, ela parecia a imagem da elegância em seu corpete vermelho em forma de coração e incrustado com diamantes falsos e com seu tutu cor-de-rosa brilhante estilo algodão-doce — até a influência de seu marido adicionou algumas referências de Essex* ao seu repertório.

---

*N. do E.: Condado da Inglaterra situado no sudeste do Reino Unido

Katy revelou à plateia que tinha sido apresentada à TV inglesa por Russell e agora as atrações *The Only Way Is Essex* e *My Big Fat Gypsy Wedding* estavam entre suas preferidas. Os londrinos, discretos, expressaram sua alegria. Era o lado sombrio do conto de fadas — uma inocência que havia sido levemente banalizada.

A diversidade do *show* também era aparente na escolha das músicas, quando ela selecionou uma ampla gama de canções, da marcante "Big Pimpin", de Jay Z (como ele teria reagido a tanto rosa?), a "Only Girl In The World", de sua amiga Rihanna, e "I Wanna Dance With Somebody", de Whitney Houston. Enfim, ela cultivou sua relação de amor e ódio com Lady Gaga ao realizar sua própria versão do *single* da rival "Born This Way".

Os adereços adoravelmente absurdos incluíam um balanço inspirado em Dita Von Teese, uma escada feita de doce, homens de pão de gengibre dançantes e uma flauta cintilante, que ela confessou — quando a flauta desmontou — que ela não tinha ideia de como tocar aquilo.

Seu *show* excêntrico impressionou e gerou muitas críticas positivas. *The Daily Telegraph*, em particular, foi amável com ela, aclamando sua "*jukebox* musical de *megawatts*" como um "*show* que satisfez os mais gulosos". Enquanto os críticos brincavam que tinham saído do *show* seriamente viciados em doce e com vontade de encontrar a padaria mais próxima para comprar um pedaço da "torta de Katy", ela se preparava para levar sua torta de frutas proibida para outra cidade.

A turnê continuou e ninguém duvidava de que Katy era diferente e com certeza imprevisível. Ela era os fogos de artifício sobre os quais cantava — brilhante, bonita e levemente perigosa —, algo que os fãs podiam admirar de longe, visto que estavam parados logo depois da explosão.

Mas a pergunta sobre quem é Katy permanece: será que ela é de fato a ex-garota de coral reprimida querendo se libertar das correntes de uma infância protegida ou será que está apenas tornando sua imagem mais sensual para chocar, porque — como tentativas anteriores de sucesso sugeriram — era a única forma de chamar a atenção em uma escala global?

Katy é uma fanática religiosa, uma prostituta visual ou uma mistura enigmática das duas? E, enquanto histórias cada vez mais escandalosas povoam a internet sobre a situação volátil de seu casamento, será que Katy se tornará depravada como Russell era? Será que Russell encontrará um lado espiritual por meio dela? Ou haverá um equilíbrio entre os dois?

Independentemente de sua verdade, ela está vendendo sexo, músicas e sensacionalismo e, devido ao seu enorme sucesso até agora, parece que isso continuará ainda por muito tempo.

Este livro foi composto em Bembo, Benton Sans e Goshen e impresso pela Parma sobre o papel offset 75g e couchet 150g para a Universo dos Livros.